U1074672

行政法与
行政诉讼法

大字学习版

中国法制出版社
CHINA LEGAL PUBLISHING HOUSE

ISBN 978-7-5216-2337-6

9 787521 623376 >

定价：28.00元

图书在版编目（CIP）数据

行政法与行政诉讼法：大字学习版 / 中国法制出版社编 . —北京：中国法制出版社，2022. 1（2022.1重印）
（法律法规大字学习版）
ISBN 978-7-5216-2337-6

Ⅰ. ①行… Ⅱ. ①中… Ⅲ. ①行政法-中国②行政诉讼法-中国 Ⅳ. ①D922. 1②D925. 3

中国版本图书馆 CIP 数据核字（2021）第 256287 号

责任编辑：李连宇　　封面设计：李　宁

行政法与行政诉讼法：大字学习版
XINGZHENGFA YU XINGZHENG SUSONGFA：DAZI XUEXIBAN

编者/中国法制出版社
经销/新华书店
印刷/三河市国英印务有限公司
开本/880 毫米×1230 毫米　32 开　　印张/ 6. 5　字数/ 113 千
版次/2022 年 1 月第 1 版　　2022 年 1 月第 2 次印刷

中国法制出版社出版
书号 ISBN 978-7-5216-2337-6　　定价：28. 00 元

北京市西城区西便门西里甲 16 号西便门办公区
邮政编码：100053　　传真：010-63141852
网址：http：//www. zgfzs. com　　**编辑部电话：010-63141813**
市场营销部电话：010-63141612　　**印务部电话：010-63141606**

（如有印装质量问题，请与本社印务部联系。）

编辑说明

全民普法是全面依法治国的长期基础性工作。为方便广大读者学习法律法规，中国法制出版社全新编写了“法律法规大字学习版”丛书。在确保法律文本准确的基础上，对法条内容进行了必要的编辑加工，体例新颖，内容翔实，以帮助广大读者学习法律法规，真正让法律走到读者身边、走进读者心里。

本丛书的特点如下：

1. 大字醒目。正文法条内容通过双色印刷、大字号、宽行距等精心设计，版式舒朗，阅读顺畅，致力于为读者带来更佳的阅读体验。

2. 双色标注。对法条以双色、星级及波浪线等形式标注，既能有效消除读者对复杂、烦琐法条的畏难心理，又能帮助读者迅速把握法律法规的脉络。

3. 关联注释。在法条下方标注【相关法条】，方便读者查找翻阅关联内容，举一反三，融会贯通；同时对不易理解的法条，通过【注释】【生活小案例】【典型案例】【小测试】等版块设计，从立法背景、内容要义、实践应用等多维度帮助读者理解法条，力求帮助读者学懂弄通会用。

4. 实用图表。立足读者实际需求，以图表形式对所收录的法律法规重点内容进行总结提炼，贴近生活，通俗易懂，帮助读者更加直观地理解核心条款。

5. 电子增补。为了帮助读者随时掌握法律法规的最新动态，本丛书将适时进行电子增补，请读者登录中国法制出版社网站 http：//www. zgfzs. com “资源下载”频道或者关注我社官方微信公众号“中国法制出版社”免费下载。

中国法制出版社

凡　例

简　称	全　称
立法法	中华人民共和国立法法
刑法	中华人民共和国刑法
行政处罚法	中华人民共和国行政处罚法
行政诉讼法	中华人民共和国行政诉讼法
行政许可法	中华人民共和国行政许可法
治安管理处罚法	中华人民共和国治安管理处罚法
行政复议法实施条例	中华人民共和国行政复议法实施条例
行诉解释	最高人民法院关于适用《中华人民共和国行政诉讼法》的解释
行诉证据规定	最高人民法院关于行政诉讼证据若干问题的规定

目　录

中华人民共和国行政许可法 …………………………… 1
第一章　总　则 …………………………………… 1
第二章　行政许可的设定 ………………………… 4
第三章　行政许可的实施机关 ………………… 10
第四章　行政许可的实施程序 ………………… 13
第一节　申请与受理 ……………………………… 13
第二节　审查与决定 ……………………………… 16
第三节　期　限 …………………………………… 19
第四节　听　证 …………………………………… 21
第五节　变更与延续 ……………………………… 23
第六节　特别规定 ………………………………… 24
第五章　行政许可的费用 ……………………… 27
第六章　监督检查 ………………………………… 28
第七章　法律责任 ………………………………… 34
第八章　附　则 …………………………………… 39

中华人民共和国行政处罚法 …… 43
第一章　总　则 …… 43
第二章　行政处罚的种类和设定 …… 45
第三章　行政处罚的实施机关 …… 50
第四章　行政处罚的管辖和适用 …… 52
第五章　行政处罚的决定 …… 59
第一节　一般规定 …… 59
第二节　简易程序 …… 63
第三节　普通程序 …… 64
第四节　听证程序 …… 68
第六章　行政处罚的执行 …… 71
第七章　法律责任 …… 76
第八章　附　则 …… 79

中华人民共和国行政强制法 …… 82
第一章　总　则 …… 82
第二章　行政强制的种类和设定 …… 84
第三章　行政强制措施实施程序 …… 88
第一节　一般规定 …… 88
第二节　查封、扣押 …… 91
第三节　冻　结 …… 95

第四章　行政机关强制执行程序 …………… 97
第一节　一般规定 ………………………… 97
第二节　金钱给付义务的执行 …………… 102
第三节　代履行 ………………………… 104
第五章　申请人民法院强制执行 ………… 106
第六章　法律责任 ……………………… 110
第七章　附　则 ………………………… 113

中华人民共和国行政复议法 ……………… 116
第一章　总　则 ………………………… 116
第二章　行政复议范围 ………………… 118
第三章　行政复议申请 ………………… 122
第四章　行政复议受理 ………………… 128
第五章　行政复议决定 ………………… 130
第六章　法律责任 ……………………… 139
第七章　附　则 ………………………… 141

中华人民共和国行政诉讼法 ……………… 145
第一章　总　则 ………………………… 145
第二章　受案范围 ……………………… 148
第三章　管　辖 ………………………… 152
第四章　诉讼参加人 …………………… 156

第五章　证　据 …………………………… 162
第六章　起诉和受理 ………………………… 166
第七章　审理和判决 ………………………… 172
第一节　一般规定 ………………………… 172
第二节　第一审普通程序 ………………… 179
第三节　简易程序 ………………………… 185
第四节　第二审程序 ……………………… 187
第五节　审判监督程序 …………………… 188
第八章　执　行 …………………………… 191
第九章　涉外行政诉讼 ……………………… 193
第十章　附　则 …………………………… 193

附录　实用图表 …………………………… 197

中华人民共和国行政许可法

（2003年8月27日第十届全国人民代表大会常务委员会第四次会议通过　根据2019年4月23日第十三届全国人民代表大会常务委员会第十次会议《关于修改〈中华人民共和国建筑法〉等八部法律的决定》修正）

第一章　总　　则

第一条　【立法目的】[1] 为了规范行政许可的设定和实施，保护公民、法人和其他组织的合法权益，维护公共利益和社会秩序，保障和监督行政机关有效实施行政管理，根据宪法，制定本法。

★ **第二条　【行政许可的含义】** 本法所称行政许可，是指行政机关根据公民、法人或者其他组织的申请，经依法审查，准予其从事特定活动的行为。

① 本书条文主旨为编者所加，下同。

注释

判断一个行为是否属于行政许可，须注意：行政许可是依申请行为（行政机关不可主动作出）、管理性行为（实施行政管理）、外部行为（行政机关对外作出，即对公民、法人或其他组织作出）、授益行为（给予权利，而非负担义务）、要式行为（应当以书面形式作出）。

★★ **第三条　【适用范围】** 行政许可的设定和实施，适用本法。

有关行政机关对其他机关或者对其直接管理的事业单位的人事、财务、外事等事项的审批，不适用本法。

第四条　【合法原则】 设定和实施行政许可，应当依照法定的权限、范围、条件和程序。

★ **第五条　【公开、公平、公正、非歧视原则】** 设定和实施行政许可，应当遵循公开、公平、公正、非歧视的原则。

有关行政许可的规定应当公布；未经公布的，不得作为实施行政许可的依据。行政许可的实施和结果，除涉及国家秘密、商业秘密或者个人隐私的外，应当公开。未经申请人同意，行政机关及其工作人员、参与专家评审等的人员不得披露申请人提交的商业秘密、未披露信息或者保密商务信息，法律另有规定或者涉及国家安全、重大社会公共利益的除外；行政机关依法公开申请人前述信息的，允许申请人在合理期限内提出异议。

符合法定条件、标准的，申请人有依法取得行政许可的平等权利，行政机关不得歧视任何人。

第六条　【便民原则】实施行政许可，应当遵循便民的原则，提高办事效率，提供优质服务。

★ **第七条　【陈述权、申辩权和救济权】**公民、法人或者其他组织对行政机关实施行政许可，享有陈述权、申辩权；有权依法申请行政复议或者提起行政诉讼；其合法权益因行政机关违法实施行政许可受到损害的，有权依法要求赔偿。

★★ **第八条　【信赖保护原则】**公民、法人或者其他组织依法取得的行政许可受法律保护，行政机关不得擅自改变已经生效的行政许可。

行政许可所依据的法律、法规、规章修改或者废止，或者准予行政许可所依据的客观情况发生重大变化的，为了公共利益的需要，行政机关可以依法变更或者撤回已经生效的行政许可。由此给公民、法人或者其他组织造成财产损失的，行政机关应当依法给予补偿。

注释

1. 除非法律、法规有明确规定，行政机关不得撤销或者变更已生效的行政许可。

2. 依法变更或者撤回已经生效的行政许可造成公民、法人或者其他组织财产损失的，应当依法予以补偿。

★ **第九条 【行政许可的转让】** 依法取得的行政许可，除法律、法规规定依照法定条件和程序可以转让的外，不得转让。

第十条 【行政许可监督】 县级以上人民政府应当建立健全对行政机关实施行政许可的监督制度，加强对行政机关实施行政许可的监督检查。

行政机关应当对公民、法人或者其他组织从事行政许可事项的活动实施有效监督。

第二章 行政许可的设定

第十一条 【设定行政许可原则】 设定行政许可，应当遵循经济和社会发展规律，有利于发挥公民、法人或者其他组织的积极性、主动性，维护公共利益和社会秩序，促进经济、社会和生态环境协调发展。

☆☆ **第十二条　【行政许可的设定事项】** 下列事项可以设定行政许可：

（一）直接涉及国家安全、公共安全、经济宏观调控、生态环境保护以及直接关系人身健康、生命财产安全等特定活动，需要按照法定条件予以批准的事项；

（二）有限自然资源开发利用、公共资源配置以及直接关系公共利益的特定行业的市场准入等，需要赋予特定权利的事项；

（三）提供公众服务并且直接关系公共利益的职业、行业，需要确定具备特殊信誉、特殊条件或者特殊技能等资格、资质的事项；

（四）直接关系公共安全、人身健康、生命财产安全的重要设备、设施、产品、物品，需要按照技术标准、技术规范，通过检验、检测、检疫等方式进行审定的事项；

（五）企业或者其他组织的设立等，需要确定主体资格的事项；

（六）法律、行政法规规定可以设定行政许可的其他事项。

注释

第1项为普通许可；第2项为特许，申请人获得这类许可要承担很大的公益义务；第3项为认可，针对的是人（含自然人、法人和其他组织），一般需要通过考试、考核；第4项为核准，针对的是物，依据的主要是技术标准、技术规范，具有很强的专业性、技术性、客观性；第5项为登记，包括工商企业登记、社团登记等。

★★ **第十三条　【可以不设行政许可事项】** 本法第十二条所列事项，通过下列方式能够予以规范的，可以不设行政许可：

（一）公民、法人或者其他组织能够自主决定的；

（二）市场竞争机制能够有效调节的；

（三）行业组织或者中介机构能够自律管理的；

（四）行政机关采用事后监督等其他行政管理方式能够解决的。

★★ **第十四条　【法律、行政法规、国务院决定设定行政许可权】** 本法第十二条所列事项，法律可以设定行政许可。尚未制定法律的，行政法规可以设定行政许可。

必要时，国务院可以采用发布决定的方式设定行政许可。实施后，除临时性行政许可事项外，国务院应当及时提请全国人民代表大会及其常务委员会制定法律，或者自行制定行政法规。

★★ 第十五条　【地方性法规、省级政府规章设定行政许可权】 本法第十二条所列事项，尚未制定法律、行政法规的，地方性法规可以设定行政许可；尚未制定法律、行政法规和地方性法规的，因行政管理的需要，确需立即实施行政许可的，省、自治区、直辖市人民政府规章可以设定临时性的行政许可。临时性的行政许可实施满一年需要继续实施的，应当提请本级人民代表大会及其常务委员会制定地方性法规。

地方性法规和省、自治区、直辖市人民政府规章，不得设定应当由国家统一确定的公民、法人或者其他组织的资格、资质的行政许可；不得设定企业或者其他组织的设立登记及其前置性行政许可。其设定的行政许可，不得限制其他地区的个人或者企业到本地区从事生产经营和提供服务，不得限制其他地区的商品进入本地区市场。

★★ 第十六条 【行政许可规定权】 行政法规可以在法律设定的行政许可事项范围内，对实施该行政许可作出具体规定。

地方性法规可以在法律、行政法规设定的行政许可事项范围内，对实施该行政许可作出具体规定。

规章可以在上位法设定的行政许可事项范围内，对实施该行政许可作出具体规定。

法规、规章对实施上位法设定的行政许可作出的具体规定，不得增设行政许可；对行政许可条件作出的具体规定，不得增设违反上位法的其他条件。

★★ 第十七条 【法律、行政法规、国务院决定、省级地方政府规章以外的其他规范性文件不得设定行政许可】 除本法第十四条、第十五条规定的外，其他规范性文件一律不得设定行政许可。

第十八条 【行政许可应当明确规定的事项】 设定行政许可，应当规定行政许可的实施机关、条件、程序、期限。

第十九条 【设定行政许可应当听取意见、说明理由】 起草法律草案、法规草案和省、自治区、直辖市人民政府规章草案，拟设定行政许可的，起草单位应当采取听证会、论证会等形式听取意见，并向制定机关说明设定该行政许可的必要性、对经济和社会可能产生的影响以及听取和采纳意见的情况。

★ **第二十条　【行政许可评价制度】**行政许可的设定机关应当定期对其设定的行政许可进行评价；对已设定的行政许可，认为通过本法第十三条所列方式能够解决的，应当对设定该行政许可的规定及时予以修改或者废止。

行政许可的实施机关可以对已设定的行政许可的实施情况及存在的必要性适时进行评价，并将意见报告该行政许可的设定机关。

公民、法人或者其他组织可以向行政许可的设定机关和实施机关就行政许可的设定和实施提出意见和建议。

★★ **第二十一条　【地方人民政府内停止实施行政许可】**省、自治区、直辖市人民政府对行政法规设定的有关经济事务的行政许可，根据本行政区域经济和社会发展情况，认为通过本法第十三条所列方式能够解决的，报国务院批准后，可以在本行政区域内停止实施该行政许可。

注释

1. 只有省、自治区、直辖市人民政府可以提出在本行政区域内停止实施行政法规设定的行政许可的建议。

2. 有严格的限制性条件：(1) 有关行政许可事项，可以通过行政许可以外的其他方式解决，在该行政区域内不再具备实施的必要性；(2) 限于“行政法规”设定的行政许可；(3) 限于“有关经济事务的行政许可”，主要指企业、其他组织从事生产经营活动、提供服务以及相关活动的行政许可；(4) 必须报国务院批准。

第三章　行政许可的实施机关

第二十二条　【行政许可实施主体的一般规定】 行政许可由具有行政许可权的行政机关在其法定职权范围内实施。

★★ **第二十三条　【法律、法规授权的组织实施行政许可】** 法律、法规授权的具有管理公共事务职能的组织，在法定授权范围内，以自己的名义实施行政许可。被授权的组织适用本法有关行政机关的规定。

注 释

法律、法规授权的组织可以自己名义实施行政许可，具有行政主体资格，自己承担相应的法律责任。

★★ **第二十四条　【委托实施行政许可的主体】**行政机关在其法定职权范围内，依照法律、法规、规章的规定，可以委托其他行政机关实施行政许可。委托机关应当将受委托行政机关和受委托实施行政许可的内容予以公告。

委托行政机关对受委托行政机关实施行政许可的行为应当负责监督，并对该行为的后果承担法律责任。

受委托行政机关在委托范围内，以委托行政机关名义实施行政许可；不得再委托其他组织或者个人实施行政许可。

注 释

1. 受委托实施行政许可的主体限于行政机关，其他组织和个人不能接受委托实施行政许可。

2. 受委托实施行政许可的行政机关不具有行政主体资格，其实施受委托行政许可的行为的法律后果由委托行政机关承担。

3. 委托实施行政许可的，委托行政机关应当发布公告。

☆☆ 第二十五条　【相对集中行政许可权】 经国务院批准，省、自治区、直辖市人民政府根据精简、统一、效能的原则，可以决定一个行政机关行使有关行政机关的行政许可权。

★★ 第二十六条　【一个窗口对外、统一办理或者联合办理、集中办理】 行政许可需要行政机关内设的多个机构办理的，该行政机关应当确定一个机构统一受理行政许可申请，统一送达行政许可决定。

行政许可依法由地方人民政府两个以上部门分别实施的，本级人民政府可以确定一个部门受理行政许可申请并转告有关部门分别提出意见后统一办理，或者组织有关部门联合办理、集中办理。

注释

行政许可权的相对集中（第25条），发生行政许可实施权的转移，许可权被集中后，原机关便丧失了行政许可权。而本条中的统一、联合、集中办理不发生许可实施权的转移，只是高效便民原则下的一种制度安排。

第二十七条　【行政机关及其工作人员的纪律约束】 行政机关实施行政许可，不得向申请人提出购买指定商品、接受有偿服务等不正当要求。

行政机关工作人员办理行政许可，不得索取或者收受申请人的财物，不得谋取其他利益。

★ **第二十八条　【授权专业组织实施的指导性规定】** 对直接关系公共安全、人身健康、生命财产安全的设备、设施、产品、物品的检验、检测、检疫，除法律、行政法规规定由行政机关实施的外，应当逐步由符合法定条件的专业技术组织实施。专业技术组织及其有关人员对所实施的检验、检测、检疫结论承担法律责任。

第四章　行政许可的实施程序

第一节　申请与受理

☆☆ **第二十九条　【公民、法人或者其他组织的行政许可申请】** 公民、法人或者其他组织从事特定活动，依法需要取得行政许可的，应当向行政机关提出申请。申请书需要采用格式文本的，行政机关应当向申请人提供行政许可申请书格式文本。申请书格式文本中不得包含与申请行政许可事项没有直接关系的内容。

申请人可以委托代理人提出行政许可申请。但是，依法应当由申请人到行政机关办公场所提出行政许可申请的除外。

行政许可申请可以通过信函、电报、电传、传真、电子数据交换和电子邮件等方式提出。

注释

申请行政许可，应当通过书面形式提出。无论是直接向行政机关提交申请书，还是通过信函、电报、电传、传真、电子数据交换和电子邮件提出申请，均属于书面形式。

第三十条　【行政机关公示义务】行政机关应当将法律、法规、规章规定的有关行政许可的事项、依据、条件、数量、程序、期限以及需要提交的全部材料的目录和申请书示范文本等在办公场所公示。

申请人要求行政机关对公示内容予以说明、解释的，行政机关应当说明、解释，提供准确、可靠的信息。

第三十一条　【申请人提交真实材料、反映真实情况义务】申请人申请行政许可，应当如实向行政机关提交有关材料和反映真实情况，并对其申请材料实质内容的真实性负责。行政机关不得要求申请人提交与其申请的行政许可事项无关的技术资料和其他材料。

行政机关及其工作人员不得以转让技术作为取得行政许可的条件；不得在实施行政许可的过程中，直接或者间接地要求转让技术。

第三十二条 【行政机关行政许可申请的处理】 行政机关对申请人提出的行政许可申请，应当根据下列情况分别作出处理：

（一）申请事项依法不需要取得行政许可的，应当即时告知申请人不受理；

（二）申请事项依法不属于本行政机关职权范围的，应当即时作出不予受理的决定，并告知申请人向有关行政机关申请；

（三）申请材料存在可以当场更正的错误的，应当允许申请人当场更正；

（四）申请材料不齐全或者不符合法定形式的，应当当场或者在五日内一次告知申请人需要补正的全部内容，逾期不告知的，自收到申请材料之日起即为受理；

（五）申请事项属于本行政机关职权范围，申请材料齐全、符合法定形式，或者申请人按照本行政机关的要求提交全部补正申请材料的，应当受理行政许可申请。

行政机关受理或者不予受理行政许可申请，应当出具加盖本行政机关专用印章和注明日期的书面凭证。

第三十三条　【鼓励行政机关发展电子政务实施行政许可】行政机关应当建立和完善有关制度，推行电子政务，在行政机关的网站上公布行政许可事项，方便申请人采取数据电文等方式提出行政许可申请；应当与其他行政机关共享有关行政许可信息，提高办事效率。

第二节　审查与决定

★★ **第三十四条　【审查行政许可材料】**行政机关应当对申请人提交的申请材料进行审查。

申请人提交的申请材料齐全、符合法定形式，行政机关能够当场作出决定的，应当当场作出书面的行政许可决定。

根据法定条件和程序，需要对申请材料的实质内容进行核实的，行政机关应当指派两名以上工作人员进行核查。

第三十五条　【多层级行政机关实施行政许可的审查程序】依法应当先经下级行政机关审查后报上级

行政机关决定的行政许可，下级行政机关应当在法定期限内将初步审查意见和全部申请材料直接报送上级行政机关。上级行政机关不得要求申请人重复提供申请材料。

★ **第三十六条　【直接关系他人重大利益的行政许可审查程序】** 行政机关对行政许可申请进行审查时，发现行政许可事项直接关系他人重大利益的，应当告知该利害关系人。申请人、利害关系人有权进行陈述和申辩。行政机关应当听取申请人、利害关系人的意见。

第三十七条　【行政许可决定期限】 行政机关对行政许可申请进行审查后，除当场作出行政许可决定的外，应当在法定期限内按照规定程序作出行政许可决定。

☆ **第三十八条　【行政许可决定的作出】** 申请人的申请符合法定条件、标准的，行政机关应当依法作出准予行政许可的书面决定。

行政机关依法作出不予行政许可的书面决定的，应当说明理由，并告知申请人享有依法申请行政复议或者提起行政诉讼的权利。

生活小案例

刘某向卫健委申请在小区设立个体诊所，卫健委受理申请。小区居民陈某等人提出，诊所的医疗废物会造成环境污染，要求卫健委不予批准。如卫健委因此拒绝刘某申请，应作出书面不予许可的决定，并说明理由，不能口头告知不予许可。

★★ **第三十九条 【行政机关向申请人颁发行政许可证件】**行政机关作出准予行政许可的决定，需要颁发行政许可证件的，应当向申请人颁发加盖本行政机关印章的下列行政许可证件：

（一）许可证、执照或者其他许可证书；

（二）资格证、资质证或者其他合格证书；

（三）行政机关的批准文件或者证明文件；

（四）法律、法规规定的其他行政许可证件。

行政机关实施检验、检测、检疫的，可以在检验、检测、检疫合格的设备、设施、产品、物品上加贴标签或者加盖检验、检测、检疫印章。

注释

实践中，不是所有的行政许可都要发证。不颁发行政许可证件的主要有以下几种情况：(1) 在行政许可申请书上加注文字，说明准予行政许可的时间、机关及内容，并加盖行政机关印章；(2) 与申请人签订合同，如国有土地使用权出让合同；(3) 行政机关的不作为依法视为准予行政许可，但此种情形必须有法律的明确规定。

★★ **第四十条　【准予行政许可公开决定】**行政机关作出的准予行政许可决定，应当予以公开，公众有权查阅。

★★ **第四十一条　【行政许可的效力范围】**法律、行政法规设定的行政许可，其适用范围没有地域限制的，申请人取得的行政许可在全国范围内有效。

第三节　期　　限

★★★ **第四十二条　【行政机关作出行政许可的期限】**除可以当场作出行政许可决定的外，行政机关应当自受理行政许可申请之日起二十日内作出行政许可决定。二十日内不能作出决定的，经本行政机关负责人批准，可以延长十日，并应当将延长期限的理由告知申请人。但是，法律、法规另有规定的，依照其规定。

依照本法第二十六条的规定，行政许可采取统一办理或者联合办理、集中办理的，办理的时间不得超过四十五日；四十五日内不能办结的，经本级人民政府负责人批准，可以延长十五日，并应当将延长期限的理由告知申请人。

☆☆☆ **第四十三条　【下级行政机关的初审】** 依法应当先经下级行政机关审查后报上级行政机关决定的行政许可，下级行政机关应当自其受理行政许可申请之日起二十日内审查完毕。但是，法律、法规另有规定的，依照其规定。

☆☆☆ **第四十四条　【行政许可颁发、送达行政许可期限】** 行政机关作出准予行政许可的决定，应当自作出决定之日起十日内向申请人颁发、送达行政许可证件，或者加贴标签、加盖检验、检测、检疫印章。

☆☆ **第四十五条　【期限中的除外事项】** 行政机关作出行政许可决定，依法需要听证、招标、拍卖、检验、检测、检疫、鉴定和专家评审的，所需时间不计算在本节规定的期限内。行政机关应当将所需时间书面告知申请人。

第四节　听　　证

★★ **第四十六条　【行政机关主动举行听证的行政许可事项】** 法律、法规、规章规定实施行政许可应当听证的事项，或者行政机关认为需要听证的其他涉及公共利益的重大行政许可事项，行政机关应当向社会公告，并举行听证。

☆☆ **第四十七条　【行政机关应申请举行听证的行政许可事项】** 行政许可直接涉及申请人与他人之间重大利益关系的，行政机关在作出行政许可决定前，应当告知申请人、利害关系人享有要求听证的权利；申请人、利害关系人在被告知听证权利之日起五日内提出听证申请的，行政机关应当在二十日内组织听证。

申请人、利害关系人不承担行政机关组织听证的费用。

注释

下列行政事项应看作“直接涉及申请人与他人之间重大利益关系的”行政许可：多人同时竞争的有数量限制的行政许可；给予申请人行政许可将直接影响其相邻权人、竞争对手甚至消费者重大经济利益、重大环境利益的规划许可、建设用地许可等无数量限制的行政许可。

生活小案例

徐某系个体工商户，经营早餐店铺，主要经营炖盅、肠粉、汤粉、蒸米丝、粥等。2021 年 9 月 30 日，徐某的《食品经营许可证》将到期，向区市场监督管理局申请延续。此前位于该早餐店铺的 2 楼住户刘某多次向区市场监督管理局投诉反映，该早餐店铺产生油烟、噪音，影响其作息和健康，请求停止办理该早餐店铺的《食品经营许可证》。那么，刘某是否有权向区市场监督管理局申请举行听证会？有权申请。本案中《食品经营许可证》到期后是否准予延续，涉及利害关系人刘某的重大利益，区市场监督管理局在作出行政许可决定之前应当告知其享有听证的权利，刘某有权要求举行听证会。

☆ 第四十八条　【行政许可听证程序规则】 听证按照下列程序进行：

（一）行政机关应当于举行听证的七日前将举行听证的时间、地点通知申请人、利害关系人，必要时予以公告；

（二）听证应当公开举行；

（三）行政机关应当指定审查该行政许可申请的工作人员以外的人员为听证主持人，申请人、利害关系人认为主持人与该行政许可事项有直接利害关系的，有权申请回避；

（四）举行听证时，审查该行政许可申请的工作人员应当提供审查意见的证据、理由，申请人、利害关系人可以提出证据，并进行申辩和质证；

（五）听证应当制作笔录，听证笔录应当交听证参加人确认无误后签字或者盖章。

行政机关应当根据听证笔录，作出行政许可决定。

注释

案卷排他原则：对应当听证的行政许可，行政机关作出准予行政许可、拒绝行政许可的决定，都必须以听证中所展示并经过质证得以认定的、确有证明力的证据作为事实依据，而这些事实依据又都必须是听证记录中所记载的。

第五节　变更与延续

第四十九条　【变更行政许可程序】被许可人要求变更行政许可事项的，应当向作出行政许可决定的行政机关提出申请；符合法定条件、标准的，行政机关应当依法办理变更手续。

☆☆ **第五十条　【延续行政许可程序】**被许可人需要延续依法取得的行政许可的有效期的，应当在该行政许可有效期届满三十日前向作出行政许可决定的行政机关提出申请。但是，法律、法规、规章另有规定的，依照其规定。

行政机关应当根据被许可人的申请，在该行政许可有效期届满前作出是否准予延续的决定；逾期未作决定的，视为准予延续。

第六节　特别规定

第五十一条　【本节和本章其他规定适用规则】 实施行政许可的程序，本节有规定的，适用本节规定；本节没有规定的，适用本章其他有关规定。

第五十二条　【国务院实施行政许可程序】 国务院实施行政许可的程序，适用有关法律、行政法规的规定。

第五十三条　【通过招标拍卖作出行政许可决定】 实施本法第十二条第二项所列事项的行政许可的，行政机关应当通过招标、拍卖等公平竞争的方式作出决定。但是，法律、行政法规另有规定的，依照其规定。

行政机关通过招标、拍卖等方式作出行政许可决定的具体程序，依照有关法律、行政法规的规定。

行政机关按照招标、拍卖程序确定中标人、买受人后，应当作出准予行政许可的决定，并依法向中标人、买受人颁发行政许可证件。

行政机关违反本条规定，不采用招标、拍卖方式，或者违反招标、拍卖程序，损害申请人合法权益的，申请人可以依法申请行政复议或者提起行政诉讼。

第五十四条　【通过考试考核方式作出行政许可决定】 实施本法第十二条第三项所列事项的行政许可，赋予公民特定资格，依法应当举行国家考试的，行政机关根据考试成绩和其他法定条件作出行政许可决定；赋予法人或者其他组织特定的资格、资质的，行政机关根据申请人的专业人员构成、技术条件、经营业绩和管理水平等的考核结果作出行政许可决定。但是，法律、行政法规另有规定的，依照其规定。

公民特定资格的考试依法由行政机关或者行业组织实施，公开举行。行政机关或者行业组织应当事先公布资格考试的报名条件、报考办法、考试科目以及考试大纲。但是，不得组织强制性的资格考试的考前培训，不得指定教材或者其他助考材料。

第五十五条　【根据技术标准、技术规范作出行政许可决定】 实施本法第十二条第四项所列事项的行政许可的，应当按照技术标准、技术规范依法进行检验、检测、检疫，行政机关根据检验、检测、检疫的结果作出行政许可决定。

行政机关实施检验、检测、检疫，应当自受理申请之日起五日内指派两名以上工作人员按照技术标准、技术规范进行检验、检测、检疫。不需要对检验、检测、检疫结果作进一步技术分析即可认定设备、设施、产品、物品是否符合技术标准、技术规范的，行政机关应当当场作出行政许可决定。

行政机关根据检验、检测、检疫结果，作出不予行政许可决定的，应当书面说明不予行政许可所依据的技术标准、技术规范。

第五十六条　【当场予以行政许可的特别规定】 实施本法第十二条第五项所列事项的行政许可，申请人提交的申请材料齐全、符合法定形式的，行政机关应当当场予以登记。需要对申请材料的实质内容进行核实的，行政机关依照本法第三十四条第三款的规定办理。

★★ 第五十七条　【有数量限制的行政许可】 有数量

限制的行政许可，两个或者两个以上申请人的申请均符合法定条件、标准的，行政机关应当根据受理行政许可申请的先后顺序作出准予行政许可的决定。但是，法律、行政法规另有规定的，依照其规定。

注释

有数量限制的行政许可，是指由于客观条件的限制，行政机关在一个地区、一段时间内，对于申请人从事某种活动只能发放一定数量的行政许可。对此，如果有两个或者两个以上申请人的申请符合法定条件、标准的，行政机关应当根据受理行政许可申请的先后顺序作出准予行政许可的决定。

第五章　行政许可的费用

★ **第五十八条　【收费原则和经费保障】** 行政机关实施行政许可和对行政许可事项进行监督检查，不得收取任何费用。但是，法律、行政法规另有规定的，依照其规定。

行政机关提供行政许可申请书格式文本，不得收费。

行政机关实施行政许可所需经费应当列入本行政机关的预算，由本级财政予以保障，按照批准的预算予以核拨。

注释

行政机关实施行政许可和对行政许可事项进行监督检查，原则上不收费；确定要收取费用的，必须有法律、行政法规的明确规定。

第五十九条　【收费规则以及对收费所得款项的处理】行政机关实施行政许可，依照法律、行政法规收取费用的，应当按照公布的法定项目和标准收费；所收取的费用必须全部上缴国库，任何机关或者个人不得以任何形式截留、挪用、私分或者变相私分。财政部门不得以任何形式向行政机关返还或者变相返还实施行政许可所收取的费用。

第六章　监督检查

第六十条　【政府内部在实施行政许可方面进行层级监督、及时处理违法行为】上级行政机关应当加强对下级行政机关实施行政许可的监督检查，及时纠正行政许可实施中的违法行为。

第六十一条　【书面检查原则以及相关要求】行政机关应当建立健全监督制度，通过核查反映被许可人从事行政许可事项活动情况的有关材料，履行监督责任。

行政机关依法对被许可人从事行政许可事项的活动进行监督检查时，应当将监督检查的情况和处理结果予以记录，由监督检查人员签字后归档。公众有权查阅行政机关监督检查记录。

行政机关应当创造条件，实现与被许可人、其他有关行政机关的计算机档案系统互联，核查被许可人从事行政许可事项活动情况。

第六十二条　【行政机关实施抽样检查、检验、检测和实地检查、定期检验权适用的情形及程序】行政机关可以对被许可人生产经营的产品依法进行抽样检查、检验、检测，对其生产经营场所依法进行实地检查。检查时，行政机关可以依法查阅或者要求被许可人报送有关材料；被许可人应当如实提供有关情况和材料。

行政机关根据法律、行政法规的规定，对直接关系公共安全、人身健康、生命财产安全的重要设备、设施进行定期检验。对检验合格的，行政机关应当发给相应的证明文件。

第六十三条　【行政机关实施监督检查时应当遵守的纪律】行政机关实施监督检查，不得妨碍被许可人正常的生产经营活动，不得索取或者收受被许可人的财物，不得谋取其他利益。

★ **第六十四条　【行政许可的监督检查实行属地管辖、有关行政机关之间应当相互协作】**被许可人在作出行政许可决定的行政机关管辖区域外违法从事行政许可事项活动的，违法行为发生地的行政机关应当依法将被许可人的违法事实、处理结果抄告作出行政许可决定的行政机关。

注释

本条实际上规定了行政许可的属地管辖原则：被许可人违法从事行政许可事项活动的，由违法行为发生地行政机关进行核实并依法作出处理。但违法行为发生地的行政机关应当依法将被许可人的违法事实、处理结果抄告作出行政许可决定的行政机关。

第六十五条　【个人、组织通过举报、投诉渠道对被许可人从事行政许可事项的活动实施监督】个人和组织发现违法从事行政许可事项的活动，有权向行政机关举报，行政机关应当及时核实、处理。

第六十六条　【行政机关监督被许可人依法履行开发利用有限自然资源、公共资源义务】被许可人未依法履行开发利用自然资源义务或者未依法履行利用公共资源义务的，行政机关应当责令限期改正；被许可人在规定期限内不改正的，行政机关应当依照有关法律、行政法规的规定予以处理。

第六十七条　【行政机关监督取得直接关系公共利益的特定行业市场准入行政许可的被许可人履行义务】取得直接关系公共利益的特定行业的市场准入行政许可的被许可人，应当按照国家规定的服务标准、资费标准和行政机关依法规定的条件，向用户提供安全、方便、稳定和价格合理的服务，并履行普遍服务的义务；未经作出行政许可决定的行政机关批准，不得擅自停业、歇业。

被许可人不履行前款规定的义务的，行政机关应当责令限期改正，或者依法采取有效措施督促其履行义务。

第六十八条　【行政机关督促重要设备、设施的设计、建造、安装和使用单位建立自检制度并对监督检查中发现的安全隐患及时采取措施】对直接关系公共安全、人身健康、生命财产安全的重要设备、设施，行政机关应当督促设计、建造、安装和使用单位建立相应的自检制度。

行政机关在监督检查时，发现直接关系公共安全、人身健康、生命财产安全的重要设备、设施存在安全隐患的，应当责令停止建造、安装和使用，并责令设计、建造、安装和使用单位立即改正。

☆☆ **第六十九条　【行政机关行使撤销权】** 有下列情形之一的，作出行政许可决定的行政机关或者其上级行政机关，根据利害关系人的请求或者依据职权，可以撤销行政许可：

（一）行政机关工作人员滥用职权、玩忽职守作出准予行政许可决定的；

（二）超越法定职权作出准予行政许可决定的；

（三）违反法定程序作出准予行政许可决定的；

（四）对不具备申请资格或者不符合法定条件的申请人准予行政许可的；

（五）依法可以撤销行政许可的其他情形。

被许可人以欺骗、贿赂等不正当手段取得行政许可的，应当予以撤销。

依照前两款的规定撤销行政许可，可能对公共利益造成重大损害的，不予撤销。

依照本条第一款的规定撤销行政许可，被许可人的合法权益受到损害的，行政机关应当依法给予赔偿。依照本条第二款的规定撤销行政许可的，被许可人基于行政许可取得的利益不受保护。

注释

行政许可的撤销适用于行政许可的取得本身违法的情况。

如果申请人没有过错，是由于行政机关工作人员的过错导致行政许可被撤销，给申请人造成损失的，应当予以国家赔偿。

生活小案例

某区规划和自然资源局批准了大地房地产开发公司的土地开发申请，并向其颁发了建设工程规划许可证，后查明该公司在申请规划许可时提供了虚假材料，于是，某区规划和自然资源局将该许可证予以撤销。

☆☆ 第七十条　【注销行政许可的情形】 有下列情形之一的，行政机关应当依法办理有关行政许可的注销手续：

（一）行政许可有效期届满未延续的；

（二）赋予公民特定资格的行政许可，该公民死亡或者丧失行为能力的；

（三）法人或者其他组织依法终止的；

（四）行政许可依法被撤销、撤回，或者行政许可证件依法被吊销的；

（五）因不可抗力导致行政许可事项无法实施的；

（六）法律、法规规定的应当注销行政许可的其他情形。

注释

1. 行政许可的注销，是指基于特定事实的出现，而由行政机关依据法定程序收回行政许可证件或者公告行政许可失去效力。撤销行政许可、撤回行政许可、吊销行政许可，均属于这里的“特定事实”。

2. 行政机关注销行政许可，应当作出书面决定，告知申请人注销的理由、依据。

第七章 法律责任

第七十一条 【规范性文件违法设定行政许可应当承担的法律责任】违反本法第十七条规定设定的行政许可，有关机关应当责令设定该行政许可的机关改正，或者依法予以撤销。

第七十二条　【行政机关及其工作人员违反行政许可法有关行政许可的实施程序应当承担的法律责任】行政机关及其工作人员违反本法的规定，有下列情形之一的，由其上级行政机关或者监察机关责令改正；情节严重的，对直接负责的主管人员和其他直接责任人员依法给予行政处分：

（一）对符合法定条件的行政许可申请不予受理的；

（二）不在办公场所公示依法应当公示的材料的；

（三）在受理、审查、决定行政许可过程中，未向申请人、利害关系人履行法定告知义务的；

（四）申请人提交的申请材料不齐全、不符合法定形式，不一次告知申请人必须补正的全部内容的；

（五）违法披露申请人提交的商业秘密、未披露信息或者保密商务信息的；

（六）以转让技术作为取得行政许可的条件，或者在实施行政许可的过程中直接或者间接地要求转让技术的；

（七）未依法说明不受理行政许可申请或者不予行政许可的理由的；

（八）依法应当举行听证而不举行听证的。

第七十三条　【行政机关工作人员索取或者收受他人财物或者其他利益的，应当承担的法律责任】行政机关工作人员办理行政许可、实施监督检查，索取或者收受他人财物或者谋取其他利益，构成犯罪的，依法追究刑事责任；尚不构成犯罪的，依法给予行政处分。

第七十四条　【行政机关及其工作人员实体违法所应当承当的法律责任】行政机关实施行政许可，有下列情形之一的，由其上级行政机关或者监察机关责令改正，对直接负责的主管人员和其他直接责任人员依法给予行政处分；构成犯罪的，依法追究刑事责任：

（一）对不符合法定条件的申请人准予行政许可或者超越法定职权作出准予行政许可决定的；

（二）对符合法定条件的申请人不予行政许可或者不在法定期限内作出准予行政许可决定的；

（三）依法应当根据招标、拍卖结果或者考试成绩择优作出准予行政许可决定，未经招标、拍卖或者考试，或者不根据招标、拍卖结果或者考试成绩择优作出准予行政许可决定的。

第七十五条　【行政机关及其工作人员违法收费或者截留、挪用、私分或者变相私分依法收取的费用所应当承担的法律责任】行政机关实施行政许可，擅自收费或者不按照法定项目和标准收费的，由其上级行政机关或者监察机关责令退还非法收取的费用；对直接负责的主管人员和其他直接责任人员依法给予行政处分。

截留、挪用、私分或者变相私分实施行政许可依法收取的费用的，予以追缴；对直接负责的主管人员和其他直接责任人员依法给予行政处分；构成犯罪的，依法追究刑事责任。

★ **第七十六条　【行政机关违法实施行政许可，给当事人的合法权益造成损害所应当承担的法律责任】**行政机关违法实施行政许可，给当事人的合法权益造成损害的，应当依照国家赔偿法的规定给予赔偿。

第七十七条　【行政机关不依法履行监督责任或者监督不力的法律责任】行政机关不依法履行监督职责或者监督不力，造成严重后果的，由其上级行政机关或者监察机关责令改正，对直接负责的主管人员和其他直接责任人员依法给予行政处分；构成犯罪的，依法追究刑事责任。

★ **第七十八条　【行政机关不予受理或者不予许可申请人的不实申请的，行政许可申请人所要承担的法律责任】**行政许可申请人隐瞒有关情况或者提供虚假材料申请行政许可的，行政机关不予受理或者不予行政许可，并给予警告；行政许可申请属于直接关系公共安全、人身健康、生命财产安全事项的，申请人在一年内不得再次申请该行政许可。

★ **第七十九条　【行政许可申请人以欺骗、贿赂等不正当手段取得行政许可应当承担的法律责任】**被许可人以欺骗、贿赂等不正当手段取得行政许可的，行政机关应当依法给予行政处罚；取得的行政许可属于直接关系公共安全、人身健康、生命财产安全事项的，申请人在三年内不得再次申请该行政许可；构成犯罪的，依法追究刑事责任。

第八十条　【被许可人违法从事行政许可活动所要承担行政处罚或者刑事责任的几种具体情形】被许可人有下列行为之一的，行政机关应当依法给予行政处罚；构成犯罪的，依法追究刑事责任：

（一）涂改、倒卖、出租、出借行政许可证件，或者以其他形式非法转让行政许可的；

（二）超越行政许可范围进行活动的；

（三）向负责监督检查的行政机关隐瞒有关情况、提供虚假材料或者拒绝提供反映其活动情况的真实材料的；

（四）法律、法规、规章规定的其他违法行为。

第八十一条　【公民、法人或者其他组织未经行政许可，而从事应当取得行政许可活动的法律责任】公民、法人或者其他组织未经行政许可，擅自从事依法应当取得行政许可的活动的，行政机关应当依法采取措施予以制止，并依法给予行政处罚；构成犯罪的，依法追究刑事责任。

第八章　附　　则

第八十二条　【行政机关实施行政许可的期限计算问题】本法规定的行政机关实施行政许可的期限以工作日计算，不含法定节假日。

第八十三条　【施行日期以及对现行行政许可进行清理的规定】本法自 2004 年 7 月 1 日起施行。

本法施行前有关行政许可的规定，制定机关应当依照本法规定予以清理；不符合本法规定的，自本法施行之日起停止执行。

▶▶小测试◀◀ *①

1. 依法取得的行政许可，依照法定条件和程序均可以转让。(　　)

2. 行政机关实施行政许可，不得向申请人提出购买指定商品、接受有偿服务等不正当要求。(　　)

3. 经国务院批准，下列哪一机关根据精简、统一、效能的原则，可以决定一个行政机关行使有关行政机关的行政许可权？(　　)

A. 省级人民政府

B. 设区的市级以上人民政府

C. 县级以上人民政府

D. 乡级以上人民政府

4. 关于行政许可的收费，下列哪一说法是不正确的？(　　)

A. 行政机关实施行政许可和对行政许可事项进行监督检查，绝对不能收取任何费用

B. 行政机关提供行政许可申请书格式文本，不得收费

C. 行政机关实施行政许可所需经费应当列入本行政机关的预算，由本级财政予以保障

---

* 本书小测试依次设置判断、选择、填空三种题型。

① 【答案】1. ×，解析：《行政许可法》第 9 条。2. √。3. A。4. A。5. B。6. ABCD。7. ABCD。8. 客观情况；公共利益；补偿。9. 受理或者不予受理；专用印章；书面凭证。10. 统一办理；联合办理；集中办理。

D. 财政部门不得以任何形式向行政机关返还或者变相返还实施行政许可所收取的费用

5. 法人或者其他组织依法终止的，行政机关应当依法办理有关行政许可的（　　）手续。

A. 撤销

B. 注销

C. 吊销

D. 撤回

6. 关于听证的程序下列选项表述正确的是：（　　）

A. 行政机关应当于举行听证的 7 日前将举行听证的时间、地点通知申请人、利害关系人，必要时予以公告

B. 行政机关应当指定审查该行政许可申请的工作人员以外的人员为听证主持人，申请人、利害关系人认为主持人与该行政许可事项有直接利害关系的，有权申请回避

C. 举行听证时，审查该行政许可申请的工作人员应当提供审查意见的证据、理由，申请人、利害关系人可以提出证据，并进行申辩和质证

D. 听证应当制作笔录，听证笔录应当交听证参加人确认无误后签字或者盖章

7. 通过下列哪些方式能够予以规范的事项，可以不设定行政许可？（　　）

A. 公民、法人或者其他组织能够自主决定的

B. 市场竞争机制能够有效调节的

C. 行业组织或者中介机构能够自律管理的

D. 行政机关采用事后监督等其他行政管理方式能够解决的

8. 行政许可所依据的法律、法规、规章修改或者废止，或者准予行政许可所依据的____发生重大变化的，为了____的需要，行政机关可以依法变更或者撤回已经生效的行政许可。由此给公民、法人或者其他组织造成财产损失的，行政机关应当依法给予____。

9. 行政机关____行政许可申请，应当出具加盖本行政机关____和注明日期的____。

10. 行政许可依法由地方人民政府两个以上部门分别实施的，本级人民政府可以确定一个部门受理行政许可申请并转告有关部门分别提出意见后____，或者组织有关部门____、____。

中华人民共和国行政处罚法

（1996年3月17日第八届全国人民代表大会第四次会议通过　根据2009年8月27日第十一届全国人民代表大会常务委员会第十次会议《关于修改部分法律的决定》第一次修正　根据2017年9月1日第十二届全国人民代表大会常务委员会第二十九次会议《关于修改〈中华人民共和国法官法〉等八部法律的决定》第二次修正　2021年1月22日第十三届全国人民代表大会常务委员会第二十五次会议修订）

第一章　总　　则

第一条　【立法目的】为了规范行政处罚的设定和实施，保障和监督行政机关有效实施行政管理，维护公共利益和社会秩序，保护公民、法人或者其他组织的合法权益，根据宪法，制定本法。

☆☆ **第二条　【行政处罚的定义】**行政处罚是指行政

机关依法对违反行政管理秩序的公民、法人或者其他组织，以减损权益或者增加义务的方式予以惩戒的行为。

注释

行政处罚的方式是减损权益或者增加义务，目的是“惩戒”。

第三条　【适用范围】 行政处罚的设定和实施，适用本法。

★★ **第四条　【适用对象】** 公民、法人或者其他组织违反行政管理秩序的行为，应当给予行政处罚的，依照本法由法律、法规、规章规定，并由行政机关依照本法规定的程序实施。

★ **第五条　【适用原则】** 行政处罚遵循公正、公开的原则。

设定和实施行政处罚必须以事实为依据，与违法行为的事实、性质、情节以及社会危害程度相当。

对违法行为给予行政处罚的规定必须公布；未经公布的，不得作为行政处罚的依据。

第六条　【处罚与教育相结合原则】 实施行政处罚，纠正违法行为，应当坚持处罚与教育相结合，教育公民、法人或者其他组织自觉守法。

★★ **第七条　【被处罚者的权利】**公民、法人或者其他组织对行政机关所给予的行政处罚，享有陈述权、申辩权；对行政处罚不服的，有权依法申请行政复议或者提起行政诉讼。

公民、法人或者其他组织因行政机关违法给予行政处罚受到损害的，有权依法提出赔偿要求。

第八条　【被处罚者承担的其他法律责任】公民、法人或者其他组织因违法行为受到行政处罚，其违法行为对他人造成损害的，应当依法承担民事责任。

违法行为构成犯罪，应当依法追究刑事责任的，不得以行政处罚代替刑事处罚。

第二章　行政处罚的种类和设定

★★ **第九条　【处罚的种类】**行政处罚的种类：

（一）警告、通报批评；

（二）罚款、没收违法所得、没收非法财物；

（三）暂扣许可证件、降低资质等级、吊销许可证件；

（四）限制开展生产经营活动、责令停产停业、责令关闭、限制从业；

（五）行政拘留；

（六）法律、行政法规规定的其他行政处罚。

注释

1. 警告和通报批评属于申诫罚。

2. 罚款、没收违法所得、没收非法财物属于传统财产罚。

3. 暂扣许可证件、降低资质等级、吊销许可证件属于资格罚。

4. 限制开展生产经营活动、责令停产停业、责令关闭、限制从业属于行为罚。

5. 行政拘留，主要是治安拘留。

☞ **相关法条**

《治安管理处罚法》第10条、第21条

☆☆ **第十条 【法律对处罚的设定】** 法律可以设定各种行政处罚。

限制人身自由的行政处罚，只能由法律设定。

☞ **相关法条**

《立法法》第8条

☆☆ **第十一条 【行政法规对处罚的设定】** 行政法规可以设定除限制人身自由以外的行政处罚。

法律对违法行为已经作出行政处罚规定，行政法规需要作出具体规定的，必须在法律规定的给予行政处罚的行为、种类和幅度的范围内规定。

法律对违法行为未作出行政处罚规定，行政法规为实施法律，可以补充设定行政处罚。拟补充设定行政处罚的，应当通过听证会、论证会等形式广泛听取意见，并向制定机关作出书面说明。行政法规报送备案时，应当说明补充设定行政处罚的情况。

☞ **相关法条**

《立法法》第9条

☆☆ 第十二条 【地方性法规对处罚的设定】 地方性法规可以设定除限制人身自由、吊销营业执照以外的行政处罚。

法律、行政法规对违法行为已经作出行政处罚规定，地方性法规需要作出具体规定的，必须在法律、行政法规规定的给予行政处罚的行为、种类和幅度的范围内规定。

法律、行政法规对违法行为未作出行政处罚规定，地方性法规为实施法律、行政法规，可以补充设定行政处罚。拟补充设定行政处罚的，应当通过听证会、论证会等形式广泛听取意见，并向制定机关作出书面说明。地方性法规报送备案时，应当说明补充设定行政处罚的情况。

注释

法律、行政法规对行政处罚的幅度已有明确规定，地方性法规只能在规定的行政处罚幅度内作出规定，可以在法律、行政法规规定的行政处罚的幅度内提高下限或者降低上限，但不得突破行政处罚的幅度，降低下限或者提高上限。

☆☆☆ **第十三条　【国务院部门规章对处罚的设定】** 国务院部门规章可以在法律、行政法规规定的给予行政处罚的行为、种类和幅度的范围内作出具体规定。

尚未制定法律、行政法规的，国务院部门规章对违反行政管理秩序的行为，可以设定警告、通报批评或者一定数额罚款的行政处罚。罚款的限额由国务院规定。

注释

第1款是部门规章的规定权，即规章可以在法律、法规规定的给予行政处罚的行为、种类和幅度范围内作出具体的规定。这是对于上位法规定的细化。

第2款是部门规章的设定权。规章设定行政处罚的种类范围限于“警告、通报批评或者一定数额罚款的行政处罚”，同时罚款的数额应符合国务院的规定。

☆ **第十四条　【地方政府规章对处罚的设定】** 地方政府规章可以在法律、法规规定的给予行政处罚的行为、种类和幅度的范围内作出具体规定。

尚未制定法律、法规的，地方政府规章对违反行政管理秩序的行为，可以设定警告、通报批评或者一定数额罚款的行政处罚。罚款的限额由省、自治区、直辖市人民代表大会常务委员会规定。

注释

本条规定了地方政府规章的行政处罚规定权和设定权，与部门规章基本相同，区别点在于地方政府规章设定的罚款的限额由省级人大常委会规定。

第十五条　【对行政处罚定期评估】 国务院部门和省、自治区、直辖市人民政府及其有关部门应当定期组织评估行政处罚的实施情况和必要性，对不适当的行政处罚事项及种类、罚款数额等，应当提出修改或者废止的建议。

第十六条　【其他规范性文件不得设定行政处罚】 除法律、法规、规章外，其他规范性文件不得设定行政处罚。

第三章　行政处罚的实施机关

★★ **第十七条　【处罚的实施】** 行政处罚由具有行政处罚权的行政机关在法定职权范围内实施。

☆☆ **第十八条　【相对集中行使处罚权】** 国家在城市管理、市场监管、生态环境、文化市场、交通运输、应急管理、农业等领域推行建立综合行政执法制度，相对集中行政处罚权。

国务院或者省、自治区、直辖市人民政府可以决定一个行政机关行使有关行政机关的行政处罚权。

限制人身自由的行政处罚权只能由公安机关和法律规定的其他机关行使。

注释

原则上，行政处罚由具有行政处罚权的行政机关在法定职权范围内实施，但是在一定的条件下，一个行政机关可以行使有关行政机关的行政处罚权，这就是行政处罚权的调配制度。行政处罚权的合理调配，有利于提高行政处罚的工作效率。

☞ 相关法条

《行政许可法》第 25 条

★★ 第十九条 【授权实施行政处罚】法律、法规授权的具有管理公共事务职能的组织可以在法定授权范围内实施行政处罚。

☆☆ 第二十条 【委托实施行政处罚】行政机关依照法律、法规、规章的规定，可以在其法定权限内书面委托符合本法第二十一条规定条件的组织实施行政处罚。行政机关不得委托其他组织或者个人实施行政处罚。

委托书应当载明委托的具体事项、权限、期限等内容。委托行政机关和受委托组织应当将委托书向社会公布。

委托行政机关对受委托组织实施行政处罚的行为应当负责监督，并对该行为的后果承担法律责任。

受委托组织在委托范围内，以委托行政机关名义实施行政处罚；不得再委托其他组织或者个人实施行政处罚。

★★ 第二十一条 【受托组织的条件】受委托组织必须符合以下条件：

（一）依法成立并具有管理公共事务职能；

（二）有熟悉有关法律、法规、规章和业务并取得行政执法资格的工作人员；

（三）需要进行技术检查或者技术鉴定的，应当有条件组织进行相应的技术检查或者技术鉴定。

注释

1. 受托组织必须以委托行政机关的名义实施行政处罚，以自己名义实施的行政处罚无效。

2. 受托组织应当在委托权限内实施行政处罚，不得超越具体权限范围。

3. 受托组织不得再委托其他组织或者个人实施行政处罚。

第四章　行政处罚的管辖和适用

★★ **第二十二条　【地域管辖】** 行政处罚由违法行为发生地的行政机关管辖。法律、行政法规、部门规章另有规定的，从其规定。

第二十三条　【级别管辖】 行政处罚由县级以上地方人民政府具有行政处罚权的行政机关管辖。法律、行政法规另有规定的，从其规定。

第二十四条　【行政处罚权的承接】 省、自治区、直辖市根据当地实际情况，可以决定将基层管理迫切需要的县级人民政府部门的行政处罚权交由能够有效承接的乡镇人民政府、街道办事处行使，并定期组织评估。决定应当公布。

承接行政处罚权的乡镇人民政府、街道办事处应当加强执法能力建设，按照规定范围、依照法定程序实施行政处罚。

有关地方人民政府及其部门应当加强组织协调、业务指导、执法监督，建立健全行政处罚协调配合机制，完善评议、考核制度。

★ **第二十五条　【管辖权争议】** 两个以上行政机关都有管辖权的，由最先立案的行政机关管辖。

对管辖发生争议的，应当协商解决，协商不成的，报请共同的上一级行政机关指定管辖；也可以直接由共同的上一级行政机关指定管辖。

注释

这里的共同上一级行政机关，与共同上级行政机关不同，是指能够同时指挥、管理不同下级行政机关且最为直接的行政管理机关。《行政处罚法》作出这样的规定，一方面是考虑指定管辖的权威性，另一方面也不至于过度影响执法效率。

第二十六条　【行政协助】 行政机关因实施行政处罚的需要，可以向有关机关提出协助请求。协助事项属于被请求机关职权范围内的，应当依法予以协助。

第二十七条　【行政处罚与刑事司法的衔接】 违法行为涉嫌犯罪的，行政机关应当及时将案件移送司法机关，依法追究刑事责任。对依法不需要追究刑事责任或者免予刑事处罚，但应当给予行政处罚的，司法机关应当及时将案件移送有关行政机关。

行政处罚实施机关与司法机关之间应当加强协调配合，建立健全案件移送制度，加强证据材料移交、接收衔接，完善案件处理信息通报机制。

第二十八条　【改正违法行为及没收违法所得】 行政机关实施行政处罚时，应当责令当事人改正或者限期改正违法行为。

当事人有违法所得，除依法应当退赔的外，应当予以没收。违法所得是指实施违法行为所取得的款项。法律、行政法规、部门规章对违法所得的计算另有规定的，从其规定。

★★ **第二十九条　【同一行为不得重复处罚】** 对当事人的同一个违法行为，不得给予两次以上罚款的行政处罚。同一个违法行为违反多个法律规范应当给予罚款处罚的，按照罚款数额高的规定处罚。

注释

本条规定含有两层意思：一是对当事人的同一个违法行为，可能存在两次以上的行政处罚；二是对当事人同一个违法行为需要给予两次以上行政处罚的，不允许给予两次以上的“罚款”处罚，即“一事不再罚原则”。

生活小案例

甲公司将承建的建筑工程承包给无特种作业操作资格证书的邓某，邓某在操作时引发事故。某省住房和城乡建设厅作出暂扣甲公司安全生产许可证3个月的决定，市应急管理局对甲公司罚款3万元。这并不违反一事不再罚原则。

★★ **第三十条　【对未成年人处罚的限制】**不满十四周岁的未成年人有违法行为的，不予行政处罚，责令监护人加以管教；已满十四周岁不满十八周岁的未成年人有违法行为的，应当从轻或者减轻行政处罚。

☞ **相关法条**

《治安管理处罚法》第12条

★★ **第三十一条　【精神病人及限制性精神病人处罚的限制】**精神病人、智力残疾人在不能辨认或者不能控制自己行为时有违法行为的，不予行政处罚，但应当责令其监护人严加看管和治疗。间歇性精神病人在精神正常时有违法行为的，应当给予行政处罚。尚未完全丧失辨认或者控制自己行为能力的精神病人、智力残疾人有违法行为的，可以从轻或者减轻行政处罚。

注释

精神病人、智力残疾人不承担行政处罚责任的原因在于其不具备识别和避免风险发生的能力，不构成行政违法行为。但对于其违法行为相关的违禁品，有关行政机关可以依法予以收缴。

☞ **相关法条**

《治安管理处罚法》第13条

★★ **第三十二条　【从轻、减轻处罚的条件】** 当事人有下列情形之一，应当从轻或者减轻行政处罚：

（一）主动消除或者减轻违法行为危害后果的；

（二）受他人胁迫或者诱骗实施违法行为的；

（三）主动供述行政机关尚未掌握的违法行为的；

（四）配合行政机关查处违法行为有立功表现的；

（五）法律、法规、规章规定其他应当从轻或者减轻行政处罚的。

☞ **相关法条**

《治安管理处罚法》第19条

★★ **第三十三条　【不予处罚的条件】** 违法行为轻微并及时改正，没有造成危害后果的，不予行政处罚。初次违法且危害后果轻微并及时改正的，可以不予行政处罚。

当事人有证据足以证明没有主观过错的，不予行政处罚。法律、行政法规另有规定的，从其规定。

对当事人的违法行为依法不予行政处罚的，行政机关应当对当事人进行教育。

第三十四条　【行政处罚裁量基准】 行政机关可以依法制定行政处罚裁量基准，规范行使行政处罚裁量权。行政处罚裁量基准应当向社会公布。

第三十五条　【刑罚的折抵】 违法行为构成犯罪，人民法院判处拘役或者有期徒刑时，行政机关已经给予当事人行政拘留的，应当依法折抵相应刑期。

违法行为构成犯罪，人民法院判处罚金时，行政机关已经给予当事人罚款的，应当折抵相应罚金；行政机关尚未给予当事人罚款的，不再给予罚款。

☆ **第三十六条　【处罚的时效】** 违法行为在二年内未被发现的，不再给予行政处罚；涉及公民生命健康安全、金融安全且有危害后果的，上述期限延长至五年。法律另有规定的除外。

前款规定的期限，从违法行为发生之日起计算；违法行为有连续或者继续状态的，从行为终了之日起计算。

注释

违法行为有连续状态，是指当事人基于同一个违法故意，连续实施数个独立的行政违法行为，并触犯同一个行政处罚规定的情形。如在相隔不太长的时间里多次贩卖盗版光碟，或者多次制造假酒等情况，就属于违法行为有连续状态。

违法行为有继续状态，是指行为人的一个违法行为实施后，该行为及其造成的不法状态处于不间断持续的状态。如违规搭建棚屋或其他建筑物、开设地下赌场等。

第三十七条　【法不溯及既往】实施行政处罚，适用违法行为发生时的法律、法规、规章的规定。但是，作出行政处罚决定时，法律、法规、规章已被修改或者废止，且新的规定处罚较轻或者不认为是违法的，适用新的规定。

★★ **第三十八条　【行政处罚的无效】**行政处罚没有依据或者实施主体不具有行政主体资格的，行政处罚无效。

违反法定程序构成重大且明显违法的，行政处罚无效。

第五章　行政处罚的决定

第一节　一般规定

第三十九条　【信息公示】行政处罚的实施机关、立案依据、实施程序和救济渠道等信息应当公示。

★ **第四十条　【处罚的前提】**公民、法人或者其他组织违反行政管理秩序的行为，依法应当给予行政处罚的，行政机关必须查明事实；违法事实不清、证据不足的，不得给予行政处罚。

第四十一条　【电子技术监控设备的适用】行政机关依照法律、行政法规规定利用电子技术监控设备收集、固定违法事实的，应当经过法制和技术审核，确保电子技术监控设备符合标准、设置合理、标志明显，设置地点应当向社会公布。

电子技术监控设备记录违法事实应当真实、清晰、完整、准确。行政机关应当审核记录内容是否符合要求；未经审核或者经审核不符合要求的，不得作为行政处罚的证据。

行政机关应当及时告知当事人违法事实，并采取信息化手段或者其他措施，为当事人查询、陈述和申辩提供便利。不得限制或者变相限制当事人享有的陈述权、申辩权。

★ **第四十二条　【执法人员要求】**行政处罚应当由具有行政执法资格的执法人员实施。执法人员不得少于两人，法律另有规定的除外。

执法人员应当文明执法，尊重和保护当事人合法权益。

★★ **第四十三条　【回避】**执法人员与案件有直接利害关系或者有其他关系可能影响公正执法的，应当回避。

当事人认为执法人员与案件有直接利害关系或者有其他关系可能影响公正执法的，有权申请回避。

当事人提出回避申请的，行政机关应当依法审查，由行政机关负责人决定。决定作出之前，不停止调查。

注释

回避是程序正当的基本要求。行政机关工作人员履行职责，与行政管理相对人存在利害关系时，应当回避。应当回避而没有回避的，应当适用本法第38条的规定，行政处罚无效。

第四十四条　【行政机关的告知义务】行政机关在作出行政处罚决定之前，应当告知当事人拟作出的行政处罚内容及事实、理由、依据，并告知当事人依法享有的陈述、申辩、要求听证等权利。

★★ **第四十五条　【当事人的陈述权和申辩权】**当事人有权进行陈述和申辩。行政机关必须充分听取当事人的意见，对当事人提出的事实、理由和证据，应当进行复核；当事人提出的事实、理由或者证据成立的，行政机关应当采纳。

行政机关不得因当事人陈述、申辩而给予更重的处罚。

注释

1. 陈述、申辩、要求听证等是当事人的权利，当事人可以放弃。

2. 拒绝听取当事人陈述、申辩而作出行政处罚的，应当适用本法第38条的规定，行政处罚无效。

3. 为了保护当事人充分行使陈述权、申辩权，本条规定了“陈述、申辩不加罚”，类似于刑事诉讼过程中的“上诉不加刑”。

第四十六条　【证据】证据包括：

（一）书证；

（二）物证；

（三）视听资料；

（四）电子数据；

（五）证人证言；

（六）当事人的陈述；

（七）鉴定意见；

（八）勘验笔录、现场笔录。

证据必须经查证属实，方可作为认定案件事实的根据。

以非法手段取得的证据，不得作为认定案件事实的根据。

★★ **第四十七条　【行政处罚全过程记录】**行政机关应当依法以文字、音像等形式，对行政处罚的启动、调查取证、审核、决定、送达、执行等进行全过程记录，归档保存。

第四十八条　【行政处罚决定公示制度】具有一定社会影响的行政处罚决定应当依法公开。

公开的行政处罚决定被依法变更、撤销、确认违法或者确认无效的，行政机关应当在三日内撤回行政处罚决定信息并公开说明理由。

★★ **第四十九条　【突发事件应对】**发生重大传染病

疫情等突发事件，为了控制、减轻和消除突发事件引起的社会危害，行政机关对违反突发事件应对措施的行为，依法快速、从重处罚。

第五十条　【保密义务】行政机关及其工作人员对实施行政处罚过程中知悉的国家秘密、商业秘密或者个人隐私，应当依法予以保密。

第二节　简易程序

☆☆ 第五十一条　【当场处罚的情形】违法事实确凿并有法定依据，对公民处以二百元以下、对法人或者其他组织处以三千元以下罚款或者警告的行政处罚的，可以当场作出行政处罚决定。法律另有规定的，从其规定。

注释

当场处罚的条件如下：(1) 违法的事实确凿；(2) 有法定的依据；(3) 仅限于对公民处以200元以下、对法人或者其他组织处以3000元以下罚款或者警告的行政处罚。

相关法条

《治安管理处罚法》第100条

★★ **第五十二条　【当场处罚的程序】**执法人员当场作出行政处罚决定的，应当向当事人出示执法证件，填写预定格式、编有号码的行政处罚决定书，并当场交付当事人。当事人拒绝签收的，应当在行政处罚决定书上注明。

前款规定的行政处罚决定书应当载明当事人的违法行为，行政处罚的种类和依据、罚款数额、时间、地点，申请行政复议、提起行政诉讼的途径和期限以及行政机关名称，并由执法人员签名或者盖章。

执法人员当场作出的行政处罚决定，应当报所属行政机关备案。

第五十三条　【当场处罚的履行】对当场作出的行政处罚决定，当事人应当依照本法第六十七条至第六十九条的规定履行。

第三节　普 通 程 序

第五十四条　【调查取证与立案】除本法第五十一条规定的可以当场作出的行政处罚外，行政机关发现公民、法人或者其他组织有依法应当给予行政处罚的行为的，必须全面、客观、公正地调查，收集有关证据；必要时，依照法律、法规的规定，可以进行检查。

符合立案标准的，行政机关应当及时立案。

★★ **第五十五条　【出示证件与协助调查】** 执法人员在调查或者进行检查时，应当主动向当事人或者有关人员出示执法证件。当事人或者有关人员有权要求执法人员出示执法证件。执法人员不出示执法证件的，当事人或者有关人员有权拒绝接受调查或者检查。

当事人或者有关人员应当如实回答询问，并协助调查或者检查，不得拒绝或者阻挠。询问或者检查应当制作笔录。

★ **第五十六条　【证据收集程序】** 行政机关在收集证据时，可以采取抽样取证的方法；在证据可能灭失或者以后难以取得的情况下，经行政机关负责人批准，可以先行登记保存，并应当在七日内及时作出处理决定，在此期间，当事人或者有关人员不得销毁或者转移证据。

注释

1. 先行登记保存的证据必须是与违法行为有直接必然关联的证据。

2. 先行登记保存的证据是行政执法人员收集证据时，在证据可能灭失或者以后难以取得的情况下采取的必要措施，必须具有先行登记保存的必要性。

☞ **相关法条**

《治安管理处罚法》第81条

★★ **第五十七条 【处罚决定】** 调查终结，行政机关负责人应当对调查结果进行审查，根据不同情况，分别作出如下决定：

（一）确有应受行政处罚的违法行为的，根据情节轻重及具体情况，作出行政处罚决定；

（二）违法行为轻微，依法可以不予行政处罚的，不予行政处罚；

（三）违法事实不能成立的，不予行政处罚；

（四）违法行为涉嫌犯罪的，移送司法机关。

对情节复杂或者重大违法行为给予行政处罚，行政机关负责人应当集体讨论决定。

★★ **第五十八条 【法制审核】** 有下列情形之一，在行政机关负责人作出行政处罚的决定之前，应当由从事行政处罚决定法制审核的人员进行法制审核；未经法制审核或者审核未通过的，不得作出决定：

（一）涉及重大公共利益的；

（二）直接关系当事人或者第三人重大权益，经过听证程序的；

（三）案件情况疑难复杂、涉及多个法律关系的；

（四）法律、法规规定应当进行法制审核的其他情形。

行政机关中初次从事行政处罚决定法制审核的人员，应当通过国家统一法律职业资格考试取得法律职业资格。

★★ **第五十九条　【行政处罚决定书的内容】** 行政机关依照本法第五十七条的规定给予行政处罚，应当制作行政处罚决定书。行政处罚决定书应当载明下列事项：

（一）当事人的姓名或者名称、地址；

（二）违反法律、法规、规章的事实和证据；

（三）行政处罚的种类和依据；

（四）行政处罚的履行方式和期限；

（五）申请行政复议、提起行政诉讼的途径和期限；

（六）作出行政处罚决定的行政机关名称和作出决定的日期。

行政处罚决定书必须盖有作出行政处罚决定的行政机关的印章。

★★ **第六十条　【行政处罚决定作出期限】** 行政机关应当自行政处罚案件立案之日起九十日内作出行政处罚决定。法律、法规、规章另有规定的，从其规定。

注释

对行政处罚规定90日的办理时限，是效率行政的要求。但证券、农业、生态环保等有些领域的案件办理具有一定特殊性，本条为例外规定留了余地。

第六十一条　【送达】行政处罚决定书应当在宣告后当场交付当事人；当事人不在场的，行政机关应当在七日内依照《中华人民共和国民事诉讼法》的有关规定，将行政处罚决定书送达当事人。

当事人同意并签订确认书的，行政机关可以采用传真、电子邮件等方式，将行政处罚决定书等送达当事人。

★★ **第六十二条　【处罚的成立条件】**行政机关及其执法人员在作出行政处罚决定之前，未依照本法第四十四条、第四十五条的规定向当事人告知拟作出的行政处罚内容及事实、理由、依据，或者拒绝听取当事人的陈述、申辩，不得作出行政处罚决定；当事人明确放弃陈述或者申辩权利的除外。

第四节　听证程序

★★ **第六十三条　【听证权】**行政机关拟作出下列行

政处罚决定，应当告知当事人有要求听证的权利，当事人要求听证的，行政机关应当组织听证：

（一）较大数额罚款；

（二）没收较大数额违法所得、没收较大价值非法财物；

（三）降低资质等级、吊销许可证件；

（四）责令停产停业、责令关闭、限制从业；

（五）其他较重的行政处罚；

（六）法律、法规、规章规定的其他情形。

当事人不承担行政机关组织听证的费用。

☆☆ 第六十四条　【听证程序】 听证应当依照以下程序组织：

（一）当事人要求听证的，应当在行政机关告知后五日内提出；

（二）行政机关应当在举行听证的七日前，通知当事人及有关人员听证的时间、地点；

（三）除涉及国家秘密、商业秘密或者个人隐私依法予以保密外，听证公开举行；

（四）听证由行政机关指定的非本案调查人员主持；当事人认为主持人与本案有直接利害关系的，有权申请回避；

（五）当事人可以亲自参加听证，也可以委托一至二人代理；

（六）当事人及其代理人无正当理由拒不出席听证或者未经许可中途退出听证的，视为放弃听证权利，行政机关终止听证；

（七）举行听证时，调查人员提出当事人违法的事实、证据和行政处罚建议，当事人进行申辩和质证；

（八）听证应当制作笔录。笔录应当交当事人或者其代理人核对无误后签字或者盖章。当事人或者其代理人拒绝签字或者盖章的，由听证主持人在笔录中注明。

注释

第 6 项系 2021 年修订新增内容。对于当事人申请听证，行政机关已经做好听证的组织工作，当事人及其代理人无正当理由拒不出席听证或者在听证活动进行中未经许可中途退出的，视为当事人放弃听证权利，行政机关终止听证后可进入下一步处罚程序，这体现了行政效率的要求，亦对恶意反复以申请听证为由阻碍行政处罚的行为进行了规制。

☞ **相关法条**

《治安管理处罚法》第 98 条

☆☆ **第六十五条　【听证结束后的处理】** 听证结束后，行政机关应当根据听证笔录，依照本法第五十七条的规定，作出决定。

注释

本条规定了行政处罚听证的案卷排他原则，即行政机关只能以案卷上已经载明的内容、经过质证的材料作为作出行政处罚的全部依据，而不得对案卷中没有记载的因素加以考虑，禁止在听证会结束后收集证据来作为处罚决定的依据使用。

第六章　行政处罚的执行

★ **第六十六条　【履行义务】** 行政处罚决定依法作出后，当事人应当在行政处罚决定书载明的期限内，予以履行。

当事人确有经济困难，需要延期或者分期缴纳罚款的，经当事人申请和行政机关批准，可以暂缓或者分期缴纳。

注释

当事人申请延期或者分期缴纳罚款需要同时符合以下几个条件：（1）行政机关依法对当事人作出处罚决定，且已经依法向其送达；（2）当事人缴纳罚款存在困难；（3）当事人提出申请；（4）行政机关批准。

★ **第六十七条　【罚缴分离原则】** 作出罚款决定的行政机关应当与收缴罚款的机构分离。

除依照本法第六十八条、第六十九条的规定当场收缴的罚款外，作出行政处罚决定的行政机关及其执法人员不得自行收缴罚款。

当事人应当自收到行政处罚决定书之日起十五日内，到指定的银行或者通过电子支付系统缴纳罚款。银行应当收受罚款，并将罚款直接上缴国库。

★★ **第六十八条　【当场收缴罚款范围】** 依照本法第五十一条的规定当场作出行政处罚决定，有下列情形之一，执法人员可以当场收缴罚款：

（一）依法给予一百元以下罚款的；

（二）不当场收缴事后难以执行的。

☞ **相关法条**

《治安管理处罚法》第104条

★ **第六十九条　【边远地区当场收缴罚款】** 在边远、水上、交通不便地区，行政机关及其执法人员依照本法第五十一条、第五十七条的规定作出罚款决定后，当事人到指定的银行或者通过电子支付系统缴纳罚款确有困难，经当事人提出，行政机关及其执法人员可以当场收缴罚款。

注释

须同时具备以下三个条件，执法人员才可当场收缴罚款：(1) 违法行为地限于边远、水上、交通不便地区。(2) 当事人到指定的银行或者通过电子支付系统缴纳罚款确有困难。虽处于边远、水上、交通不便地区，但缴纳罚款不存有困难的，执法人员不得当场收缴罚款。(3) 当事人自行提出当场缴纳罚款的要求。

☞ 相关法条

《治安管理处罚法》第 104 条

第七十条　【罚款票据】 行政机关及其执法人员当场收缴罚款的，必须向当事人出具国务院财政部门或者省、自治区、直辖市人民政府财政部门统一制发的专用票据；不出具财政部门统一制发的专用票据的，当事人有权拒绝缴纳罚款。

☞ **相关法条**

《治安管理处罚法》第106条

第七十一条　【当场收缴罚款的缴纳期限】执法人员当场收缴的罚款，应当自收缴罚款之日起二日内，交至行政机关；在水上当场收缴的罚款，应当自抵岸之日起二日内交至行政机关；行政机关应当在二日内将罚款缴付指定的银行。

⁂ **第七十二条　【执行措施】**当事人逾期不履行行政处罚决定的，作出行政处罚决定的行政机关可以采取下列措施：

（一）到期不缴纳罚款的，每日按罚款数额的百分之三加处罚款，加处罚款的数额不得超出罚款的数额；

（二）根据法律规定，将查封、扣押的财物拍卖、依法处理或者将冻结的存款、汇款划拨抵缴罚款；

（三）根据法律规定，采取其他行政强制执行方式；

（四）依照《中华人民共和国行政强制法》的规定申请人民法院强制执行。

行政机关批准延期、分期缴纳罚款的，申请人民法院强制执行的期限，自暂缓或者分期缴纳罚款期限结束之日起计算。

注 释

本条第 1 款第 1~3 项措施均属于行政机关强制执行，第 4 项措施属于申请法院强制执行。

生活小案例

某超市售卖过期变质的酸奶，区市监局对其作出没收酸奶和罚款 1 万元的处罚决定，但超市逾期不缴纳罚款，则区市监局可以对该超市按日加处 3%的罚款。

★ **第七十三条 【不停止执行及暂缓执行】** 当事人对行政处罚决定不服，申请行政复议或者提起行政诉讼的，行政处罚不停止执行，法律另有规定的除外。

当事人对限制人身自由的行政处罚决定不服，申请行政复议或者提起行政诉讼的，可以向作出决定的机关提出暂缓执行申请。符合法律规定情形的，应当暂缓执行。

当事人申请行政复议或者提起行政诉讼的，加处罚款的数额在行政复议或者行政诉讼期间不予计算。

第七十四条 【没收的非法财物的处理】 除依法应当予以销毁的物品外，依法没收的非法财物必须按照国家规定公开拍卖或者按照国家有关规定处理。

罚款、没收的违法所得或者没收非法财物拍卖的款项，必须全部上缴国库，任何行政机关或者个人不得以任何形式截留、私分或者变相私分。

罚款、没收的违法所得或者没收非法财物拍卖的款项，不得同作出行政处罚决定的行政机关及其工作人员的考核、考评直接或者变相挂钩。除依法应当退还、退赔的外，财政部门不得以任何形式向作出行政处罚决定的行政机关返还罚款、没收的违法所得或者没收非法财物拍卖的款项。

第七十五条　【监督检查】行政机关应当建立健全对行政处罚的监督制度。县级以上人民政府应当定期组织开展行政执法评议、考核，加强对行政处罚的监督检查，规范和保障行政处罚的实施。

行政机关实施行政处罚应当接受社会监督。公民、法人或者其他组织对行政机关实施行政处罚的行为，有权申诉或者检举；行政机关应当认真审查，发现有错误的，应当主动改正。

第七章　法律责任

第七十六条　【上级行政机关的监督】行政机关

实施行政处罚，有下列情形之一，由上级行政机关或者有关机关责令改正，对直接负责的主管人员和其他直接责任人员依法给予处分：

（一）没有法定的行政处罚依据的；

（二）擅自改变行政处罚种类、幅度的；

（三）违反法定的行政处罚程序的；

（四）违反本法第二十条关于委托处罚的规定的；

（五）执法人员未取得执法证件的。

行政机关对符合立案标准的案件不及时立案的，依照前款规定予以处理。

第七十七条　【当事人的拒绝处罚权及检举权】 行政机关对当事人进行处罚不使用罚款、没收财物单据或者使用非法定部门制发的罚款、没收财物单据的，当事人有权拒绝，并有权予以检举，由上级行政机关或者有关机关对使用的非法单据予以收缴销毁，对直接负责的主管人员和其他直接责任人员依法给予处分。

第七十八条　【自行收缴罚款的处理】 行政机关违反本法第六十七条的规定自行收缴罚款的，财政部门违反本法第七十四条的规定向行政机关返还罚款、没收的违法所得或者拍卖款项的，由上级行政机关或者有关机关责令改正，对直接负责的主管人员和其他直接责任人员依法给予处分。

第七十九条　【私分罚没财物的处理】行政机关截留、私分或者变相私分罚款、没收的违法所得或者财物的，由财政部门或者有关机关予以追缴，对直接负责的主管人员和其他直接责任人员依法给予处分；情节严重构成犯罪的，依法追究刑事责任。

执法人员利用职务上的便利，索取或者收受他人财物、将收缴罚款据为己有，构成犯罪的，依法追究刑事责任；情节轻微不构成犯罪的，依法给予处分。

第八十条　【使用、损毁查封、扣押财物的法律责任】行政机关使用或者损毁查封、扣押的财物，对当事人造成损失的，应当依法予以赔偿，对直接负责的主管人员和其他直接责任人员依法给予处分。

第八十一条　【违法实行检查和执行措施的法律责任】行政机关违法实施检查措施或者执行措施，给公民人身或者财产造成损害、给法人或者其他组织造成损失的，应当依法予以赔偿，对直接负责的主管人员和其他直接责任人员依法给予处分；情节严重构成犯罪的，依法追究刑事责任。

第八十二条　【以行代刑的责任】行政机关对应

当依法移交司法机关追究刑事责任的案件不移交，以行政处罚代替刑事处罚，由上级行政机关或者有关机关责令改正，对直接负责的主管人员和其他直接责任人员依法给予处分；情节严重构成犯罪的，依法追究刑事责任。

第八十三条　【行政不作为的法律责任】行政机关对应当予以制止和处罚的违法行为不予制止、处罚，致使公民、法人或者其他组织的合法权益、公共利益和社会秩序遭受损害的，对直接负责的主管人员和其他直接责任人员依法给予处分；情节严重构成犯罪的，依法追究刑事责任。

第八章　附　　则

第八十四条　【属地原则】外国人、无国籍人、外国组织在中华人民共和国领域内有违法行为，应当给予行政处罚的，适用本法，法律另有规定的除外。

★★ **第八十五条　【工作日】**本法中“二日”“三日”“五日”“七日”的规定是指工作日，不含法定节假日。

第八十六条　【施行日期】本法自2021年7月15日起施行。

▶▶小测试◀◀①

1. 行政法规可以设定限制人身自由的行政处罚。(　　)

2. 违法行为轻微并及时改正，没有造成危害后果的，不予行政处罚。(　　)

3. 违法行为构成犯罪，人民法院判处拘役或者有期徒刑时，行政机关已经给予当事人行政拘留的，经当事人申请，可以依法折抵相应刑期。(　　)

4. 两个以上行政机关都有管辖权的，由(　　)行政机关管辖。

A. 最先受理的

B. 最先立案的

C. 共同的上一级

D. 当事人选择的

5. 限制人身自由的行政处罚权只能由(　　)和法律规定的其他机关行使。

A. 公安机关

B. 监察机关

C. 检察机关

① 【答案】1. ×，解析：《行政处罚法》第 11 条第 1 款。2. √。3. ×，解析：《行政处罚法》第 35 条第 1 款。4. B。5. A。6. C。7. CD。8. 警告；通报批评；一定数额罚款；省、自治区、直辖市人民代表大会常务委员会。9. 行政执法资格；2。10. 2 年；5 年；发生之日；终了之日。

D. 审判机关

6. 对当事人的同一个违法行为，不得给予（　　）次以上罚款的行政处罚。同一个违法行为违反多个法律规范应当给予罚款处罚的，按照罚款数额高的规定处罚。

A. 1　　B. 3

C. 2　　D. 4

7. 关于行政处罚听证程序，下列哪些说法是正确的？（　　）

A. 当事人要求听证的，应当在行政机关告知后 7 日内提出

B. 行政机关应当在举行听证的 5 日前，通知当事人及有关人员听证的时间、地点

C. 当事人可以亲自参加听证，也可以委托 1 至 2 人代理

D. 行政机关应当依据听证笔录作出决定

8. 尚未制定法律、法规的，地方政府规章对违反行政管理秩序的行为，可以设定____、____或者____的行政处罚。罚款的限额由____规定。

9. 行政处罚应当由具有____的执法人员实施。执法人员不得少于____人，法律另有规定的除外。

10. 违法行为在____内未被发现的，不再给予行政处罚；涉及公民生命健康安全、金融安全且有危害后果的，上述期限延长至____。法律另有规定的除外。前款规定的期限，从违法行为____起计算；违法行为有连续或者继续状态的，从行为____起计算。

中华人民共和国行政强制法

（2011年6月30日第十一届全国人民代表大会常务委员会第二十一次会议通过　中华人民共和国主席令第49号公布　自2012年1月1日起施行）

第一章　总　　则

第一条　【立法宗旨】为了规范行政强制的设定和实施，保障和监督行政机关依法履行职责，维护公共利益和社会秩序，保护公民、法人和其他组织的合法权益，根据宪法，制定本法。

☆ 第二条　【行政强制的方式】本法所称行政强制，包括行政强制措施和行政强制执行。

行政强制措施，是指行政机关在行政管理过程中，为制止违法行为、防止证据损毁、避免危害发生、控制危险扩大等情形，依法对公民的人身自由实施暂时性限制，或者对公民、法人或者其他组织的财物实施暂时性控制的行为。

行政强制执行，是指行政机关或者行政机关申请人民法院，对不履行行政决定的公民、法人或者其他组织，依法强制履行义务的行为。

生活小案例

某交管局在检查中发现张某所驾驶的货车无道路运输证，遂扣留了张某的驾驶证和车载货物，要求张某缴纳罚款1万元。张某拒绝缴纳，交管局将车载货物拍卖抵缴罚款。其中，扣留张某驾驶证和车载货物的行为属于行政强制措施，拍卖车载货物的行为属于行政强制执行。

★ **第三条 【行政强制设定和实施的根据】** 行政强制的设定和实施，适用本法。

发生或者即将发生自然灾害、事故灾难、公共卫生事件或者社会安全事件等突发事件，行政机关采取应急措施或者临时措施，依照有关法律、行政法规的规定执行。

行政机关采取金融业审慎监管措施、进出境货物强制性技术监控措施，依照有关法律、行政法规的规定执行。

第四条 【法定原则】 行政强制的设定和实施，应当依照法定的权限、范围、条件和程序。

★ **第五条 【适当原则】** 行政强制的设定和实施，

应当适当。采用非强制手段可以达到行政管理目的的，不得设定和实施行政强制。

第六条 【教育与强制结合原则】实施行政强制，应当坚持教育与强制相结合。

第七条 【不得谋利原则】行政机关及其工作人员不得利用行政强制权为单位或者个人谋取利益。

☆ **第八条 【行政强制相对人的权利与救济】**公民、法人或者其他组织对行政机关实施行政强制，享有陈述权、申辩权；有权依法申请行政复议或者提起行政诉讼；因行政机关违法实施行政强制受到损害的，有权依法要求赔偿。

公民、法人或者其他组织因人民法院在强制执行中有违法行为或者扩大强制执行范围受到损害的，有权依法要求赔偿。

第二章 行政强制的种类和设定

★★ **第九条 【行政强制措施种类】**行政强制措施的种类：

（一）限制公民人身自由；

（二）查封场所、设施或者财物；

（三）扣押财物；

（四）冻结存款、汇款；

（五）其他行政强制措施。

★★ **第十条　【行政强制措施的设定权限】**行政强制措施由法律设定。

尚未制定法律，且属于国务院行政管理职权事项的，行政法规可以设定除本法第九条第一项、第四项和应当由法律规定的行政强制措施以外的其他行政强制措施。

尚未制定法律、行政法规，且属于地方性事务的，地方性法规可以设定本法第九条第二项、第三项的行政强制措施。

法律、法规以外的其他规范性文件不得设定行政强制措施。

★ **第十一条　【行政强制措施的对象、条件、种类法定】**法律对行政强制措施的对象、条件、种类作了规定的，行政法规、地方性法规不得作出扩大规定。

法律中未设定行政强制措施的，行政法规、地方性法规不得设定行政强制措施。但是，法律规定特定事项由行政法规规定具体管理措施的，行政法规可以设定除本法第九条第一项、第四项和应当由法律规定的行政强制措施以外的其他行政强制措施。

★★ **第十二条　【行政强制执行方式】** 行政强制执行的方式：

（一）加处罚款或者滞纳金；

（二）划拨存款、汇款；

（三）拍卖或者依法处理查封、扣押的场所、设施或者财物；

（四）排除妨碍、恢复原状；

（五）代履行；

（六）其他强制执行方式。

注释

代履行是当事人拒绝履行行政决定的义务时，由行政机关或者第三人代替当事人履行行政决定的义务，并向当事人收取履行费用的执行方式。

★★ **第十三条　【行政强制执行的设定权限】** 行政强制执行由法律设定。

法律没有规定行政机关强制执行的，作出行政决定的行政机关应当申请人民法院强制执行。

第十四条　【设定行政强制的民主程序】 起草法

律草案、法规草案，拟设定行政强制的，起草单位应当采取听证会、论证会等形式听取意见，并向制定机关说明设定该行政强制的必要性、可能产生的影响以及听取和采纳意见的情况。

★ **第十五条　【行政强制评价制度】**行政强制的设定机关应当定期对其设定的行政强制进行评价，并对不适当的行政强制及时予以修改或者废止。

行政强制的实施机关可以对已设定的行政强制的实施情况及存在的必要性适时进行评价，并将意见报告该行政强制的设定机关。

公民、法人或者其他组织可以向行政强制的设定机关和实施机关就行政强制的设定和实施提出意见和建议。有关机关应当认真研究论证，并以适当方式予以反馈。

注释

1. 设定机关：应当定期评价。
2. 实施机关：可以适时评价。
3. 公民、法人或者其他组织：可以提出意见和建议。

第三章 行政强制措施实施程序

第一节 一般规定

第十六条 【依法实施行政强制措施】行政机关履行行政管理职责，依照法律、法规的规定，实施行政强制措施。

违法行为情节显著轻微或者没有明显社会危害的，可以不采取行政强制措施。

★★ **第十七条 【行政强制措施实施权限】**行政强制措施由法律、法规规定的行政机关在法定职权范围内实施。行政强制措施权不得委托。

依据《中华人民共和国行政处罚法》的规定行使相对集中行政处罚权的行政机关，可以实施法律、法规规定的与行政处罚权有关的行政强制措施。

行政强制措施应当由行政机关具备资格的行政执法人员实施，其他人员不得实施。

注释

相对集中行政强制措施权是指将单行法律、法规授权各行政机关的行政强制措施权从原行政机关的管理职能中分离出来由一个行政机关统一行使。行政强制措施权相对集中后，被集中的行政机关不得再行使。相对集中行政强制措施权仅限于与行政处罚权有关的行政强制措施。

☆☆ 第十八条　【行政强制措施实施应遵守的规定】

行政机关实施行政强制措施应当遵守下列规定：

（一）实施前须向行政机关负责人报告并经批准；

（二）由两名以上行政执法人员实施；

（三）出示执法身份证件；

（四）通知当事人到场；

（五）当场告知当事人采取行政强制措施的理由、依据以及当事人依法享有的权利、救济途径；

（六）听取当事人的陈述和申辩；

（七）制作现场笔录；

（八）现场笔录由当事人和行政执法人员签名或者盖章，当事人拒绝的，在笔录中予以注明；

（九）当事人不到场的，邀请见证人到场，由见证人和行政执法人员在现场笔录上签名或者盖章；

（十）法律、法规规定的其他程序。

☆ **第十九条 【当场实施行政强制措施的情形】** 情况紧急，需要当场实施行政强制措施的，行政执法人员应当在二十四小时内向行政机关负责人报告，并补办批准手续。行政机关负责人认为不应当采取行政强制措施的，应当立即解除。

注释

情况紧急当场实施行政强制措施，除了应事后报告并补办批准手续外，本法第 18 条第 2 项至第 9 项、第 20 条等规定的其他程序也应履行。

☆ **第二十条 【限制人身自由的特殊规定】** 依照法律规定实施限制公民人身自由的行政强制措施，除应当履行本法第十八条规定的程序外，还应当遵守下列规定：

（一）当场告知或者实施行政强制措施后立即通知当事人家属实施行政强制措施的行政机关、地点和期限；

（二）在紧急情况下当场实施行政强制措施的，在返回行政机关后，立即向行政机关负责人报告并补办批准手续；

（三）法律规定的其他程序。

实施限制人身自由的行政强制措施不得超过法定期限。实施行政强制措施的目的已经达到或者条件已经消失，应当立即解除。

第二十一条　【涉嫌犯罪的移送】违法行为涉嫌犯罪应当移送司法机关的，行政机关应当将查封、扣押、冻结的财物一并移送，并书面告知当事人。

第二节　查封、扣押

第二十二条　【法定机关实施查封、扣押】查封、扣押应当由法律、法规规定的行政机关实施，其他任何行政机关或者组织不得实施。

☆ **第二十三条　【查封、扣押的范围】**查封、扣押限于涉案的场所、设施或者财物，不得查封、扣押与违法行为无关的场所、设施或者财物；不得查封、扣押公民个人及其所扶养家属的生活必需品。

当事人的场所、设施或者财物已被其他国家机关依法查封的，不得重复查封。

注释

按照《最高人民法院关于人民法院民事执行中查封、扣押、冻结财产的规定》，生活必需品包括：公民个人及其所扶养家属生活所必需的衣服、家具、炊具、餐具及其他家庭生活必需的物品；公民个人及其所扶养家属完成义务教育所必需的物品；公民个人及其所扶养家属用于身体缺陷所必需的辅助工具、医疗物品等。

生活小案例

某公安交管局民警发现王某驾驶的电动三轮车未悬挂号牌，遂作出扣押的强制措施，将三轮车及其车上的物品一并扣押，这种做法是否正确？不正确。车上的物品属于合法的财物，与违法行为无关，不得扣押。

第二十四条　【查封、扣押决定书】行政机关决定实施查封、扣押的，应当履行本法第十八条规定的程序，制作并当场交付查封、扣押决定书和清单。

查封、扣押决定书应当载明下列事项：

（一）当事人的姓名或者名称、地址；

（二）查封、扣押的理由、依据和期限；

（三）查封、扣押场所、设施或者财物的名称、数量等；

（四）申请行政复议或者提起行政诉讼的途径和期限；

（五）行政机关的名称、印章和日期。

查封、扣押清单一式二份，由当事人和行政机关分别保存。

☆☆☆ 第二十五条　【查封、扣押期限】查封、扣押的期限不得超过三十日；情况复杂的，经行政机关负责人批准，可以延长，但是延长期限不得超过三十日。法律、行政法规另有规定的除外。

延长查封、扣押的决定应当及时书面告知当事人，并说明理由。

对物品需要进行检测、检验、检疫或者技术鉴定的，查封、扣押的期间不包括检测、检验、检疫或者技术鉴定的期间。检测、检验、检疫或者技术鉴定的期间应当明确，并书面告知当事人。检测、检验、检疫或者技术鉴定的费用由行政机关承担。

注释

由于检测、检验、检疫或者技术鉴定的时间一般较长，如果计入查封、扣押的期间，可能会接近或超过查封、扣押的期限，导致行政机关难以在规定期限内完成案件调查处理等工作。因此，不予计入查封、扣押期限。

★★ **第二十六条　【查封、扣押中的保管】** 对查封、扣押的场所、设施或者财物，行政机关应当妥善保管，不得使用或者损毁；造成损失的，应当承担赔偿责任。

对查封的场所、设施或者财物，行政机关可以委托第三人保管，第三人不得损毁或者擅自转移、处置。因第三人的原因造成的损失，行政机关先行赔付后，有权向第三人追偿。

因查封、扣押发生的保管费用由行政机关承担。

第二十七条　【查封、扣押后的调查】 行政机关采取查封、扣押措施后，应当及时查清事实，在本法第二十五条规定的期限内作出处理决定。对违法事实清楚，依法应当没收的非法财物予以没收；法律、行政法规规定应当销毁的，依法销毁；应当解除查封、扣押的，作出解除查封、扣押的决定。

★★ **第二十八条　【解除查封、扣押的情形】** 有下列情形之一的，行政机关应当及时作出解除查封、扣押决定：

（一）当事人没有违法行为；

（二）查封、扣押的场所、设施或者财物与违法行为无关；

（三）行政机关对违法行为已经作出处理决定，不再需要查封、扣押；

（四）查封、扣押期限已经届满；

（五）其他不再需要采取查封、扣押措施的情形。

解除查封、扣押应当立即退还财物；已将鲜活物品或者其他不易保管的财物拍卖或者变卖的，退还拍卖或者变卖所得款项。变卖价格明显低于市场价格，给当事人造成损失的，应当给予补偿。

第三节 冻　　结

★★ **第二十九条　【法定机关实施冻结】** 冻结存款、汇款应当由法律规定的行政机关实施，不得委托给其他行政机关或者组织；其他任何行政机关或者组织不得冻结存款、汇款。

冻结存款、汇款的数额应当与违法行为涉及的金额相当；已被其他国家机关依法冻结的，不得重复冻结。

★★ **第三十条　【冻结通知】** 行政机关依照法律规定决定实施冻结存款、汇款的，应当履行本法第十八条第一项、第二项、第三项、第七项规定的程序，并向金融机构交付冻结通知书。

金融机构接到行政机关依法作出的冻结通知书后，应当立即予以冻结，不得拖延，不得在冻结前向当事人泄露信息。

法律规定以外的行政机关或者组织要求冻结当事人存款、汇款的，金融机构应当拒绝。

第三十一条　【冻结决定书】依照法律规定冻结存款、汇款的，作出决定的行政机关应当在三日内向当事人交付冻结决定书。冻结决定书应当载明下列事项：

（一）当事人的姓名或者名称、地址；

（二）冻结的理由、依据和期限；

（三）冻结的账号和数额；

（四）申请行政复议或者提起行政诉讼的途径和期限；

（五）行政机关的名称、印章和日期。

★★ **第三十二条　【冻结期限】**自冻结存款、汇款之日起三十日内，行政机关应当作出处理决定或者作出解除冻结决定；情况复杂的，经行政机关负责人批准，可以延长，但是延长期限不得超过三十日。法律另有规定的除外。

延长冻结的决定应当及时书面告知当事人，并说明理由。

★★ **第三十三条　【解除冻结的情形】**有下列情形之一的，行政机关应当及时作出解除冻结决定：

（一）当事人没有违法行为；

（二）冻结的存款、汇款与违法行为无关；

（三）行政机关对违法行为已经作出处理决定，不再需要冻结；

（四）冻结期限已经届满；

（五）其他不再需要采取冻结措施的情形。

行政机关作出解除冻结决定的，应当及时通知金融机构和当事人。金融机构接到通知后，应当立即解除冻结。

行政机关逾期未作出处理决定或者解除冻结决定的，金融机构应当自冻结期满之日起解除冻结。

第四章　行政机关强制执行程序

第一节　一般规定

第三十四条　【行政机关行政强制执行的适用情形】行政机关依法作出行政决定后，当事人在行政机关决定的期限内不履行义务的，具有行政强制执行权的行政机关依照本章规定强制执行。

☆☆ **第三十五条　【催告】** 行政机关作出强制执行决定前，应当事先催告当事人履行义务。催告应当以书面形式作出，并载明下列事项：

（一）履行义务的期限；

（二）履行义务的方式；

（三）涉及金钱给付的，应当有明确的金额和给付方式；

（四）当事人依法享有的陈述权和申辩权。

注释

催告一般是强制执行决定的前置程序。但是，并不是所有的强制执行方式都要催告，如立即实施代履行。

第三十六条　【陈述和申辩】 当事人收到催告书后有权进行陈述和申辩。行政机关应当充分听取当事人的意见，对当事人提出的事实、理由和证据，应当进行记录、复核。当事人提出的事实、理由或者证据成立的，行政机关应当采纳。

☆☆ **第三十七条　【强制执行决定】** 经催告，当事人逾期仍不履行行政决定，且无正当理由的，行政机关可以作出强制执行决定。

强制执行决定应当以书面形式作出，并载明下列事项：

（一）当事人的姓名或者名称、地址；

（二）强制执行的理由和依据；

（三）强制执行的方式和时间；

（四）申请行政复议或者提起行政诉讼的途径和期限；

（五）行政机关的名称、印章和日期。

在催告期间，对有证据证明有转移或者隐匿财物迹象的，行政机关可以作出立即强制执行决定。

第三十八条　【送达】催告书、行政强制执行决定书应当直接送达当事人。当事人拒绝接收或者无法直接送达当事人的，应当依照《中华人民共和国民事诉讼法》的有关规定送达。

★ **第三十九条　【中止执行】**有下列情形之一的，中止执行：

（一）当事人履行行政决定确有困难或者暂无履行能力的；

（二）第三人对执行标的主张权利，确有理由的；

（三）执行可能造成难以弥补的损失，且中止执行不损害公共利益的；

（四）行政机关认为需要中止执行的其他情形。

中止执行的情形消失后，行政机关应当恢复执行。对没有明显社会危害，当事人确无能力履行，中止执行满三年未恢复执行的，行政机关不再执行。

★ **第四十条　【终结执行】** 有下列情形之一的，终结执行：

（一）公民死亡，无遗产可供执行，又无义务承受人的；

（二）法人或者其他组织终止，无财产可供执行，又无义务承受人的；

（三）执行标的灭失的；

（四）据以执行的行政决定被撤销的；

（五）行政机关认为需要终结执行的其他情形。

注释

中止执行和终结执行有着明显不同：中止执行是执行程序的暂时停止，待造成中止的原因消除后，执行程序恢复，执行工作继续进行；而终结执行后，执行程序就宣告结束，以后也不再恢复。

★★ **第四十一条　【执行回转】** 在执行中或者执行完

毕后，据以执行的行政决定被撤销、变更，或者执行错误的，应当恢复原状或者退还财物；不能恢复原状或者退还财物的，依法给予赔偿。

注释

执行回转制度是一项错误弥补制度，是指在执行中或者执行完毕后，据以执行的行政决定被撤销、变更，或者执行错误的，行政机关对已被执行的财产重新恢复到执行程序开始前状态的执行制度。

★★ **第四十二条 【执行协议】** 实施行政强制执行，行政机关可以在不损害公共利益和他人合法权益的情况下，与当事人达成执行协议。执行协议可以约定分阶段履行；当事人采取补救措施的，可以减免加处的罚款或者滞纳金。

执行协议应当履行。当事人不履行执行协议的，行政机关应当恢复强制执行。

☆☆ **第四十三条 【执行禁止行为】** 行政机关不得在夜间或者法定节假日实施行政强制执行。但是，情况紧急的除外。

行政机关不得对居民生活采取停止供水、供电、供热、供燃气等方式迫使当事人履行相关行政决定。

注释

第 1 款事项，在情况紧急的情况下，行政机关可以在夜间或者法定节假日执行。如，有证据证明相对人有转移或者隐匿财物迹象的；需要立即清除道路、河道、航道或者公共场所遗撒物、障碍物或者污染物的。

第 2 款的禁止性事项仅针对居民，对法人和其他组织实施不受此限。

★★ **第四十四条　【强制拆除】** 对违法的建筑物、构筑物、设施等需要强制拆除的，应当由行政机关予以公告，限期当事人自行拆除。当事人在法定期限内不申请行政复议或者提起行政诉讼，又不拆除的，行政机关可以依法强制拆除。

注释

本条适用于违法建筑物、构筑物和设施的强制拆除。对于合法建筑物、构筑物和设施的依法强制拆除，性质上属于行政强制执行，但不适用本条规定，应当适用城市房地产管理法和相关行政法规的规定。

第二节　金钱给付义务的执行

第四十五条　【罚款和滞纳金】 行政机关依法作

出金钱给付义务的行政决定，当事人逾期不履行的，行政机关可以依法加处罚款或者滞纳金。加处罚款或者滞纳金的标准应当告知当事人。

加处罚款或者滞纳金的数额不得超出金钱给付义务的数额。

☆ **第四十六条　【不缴纳罚款或滞纳金时的强制执行】** 行政机关依照本法第四十五条规定实施加处罚款或者滞纳金超过三十日，经催告当事人仍不履行的，具有行政强制执行权的行政机关可以强制执行。

行政机关实施强制执行前，需要采取查封、扣押、冻结措施的，依照本法第三章规定办理。

没有行政强制执行权的行政机关应当申请人民法院强制执行。但是，当事人在法定期限内不申请行政复议或者提起行政诉讼，经催告仍不履行的，在实施行政管理过程中已经采取查封、扣押措施的行政机关，可以将查封、扣押的财物依法拍卖抵缴罚款。

第四十七条　【依法划拨存款、汇款】 划拨存款、汇款应当由法律规定的行政机关决定，并书面通知金融机构。金融机构接到行政机关依法作出划拨存款、汇款的决定后，应当立即划拨。

法律规定以外的行政机关或者组织要求划拨当事人存款、汇款的，金融机构应当拒绝。

第四十八条　【依法拍卖】依法拍卖财物，由行政机关委托拍卖机构依照《中华人民共和国拍卖法》的规定办理。

第四十九条　【款项依法归库】划拨的存款、汇款以及拍卖和依法处理所得的款项应当上缴国库或者划入财政专户。任何行政机关或者个人不得以任何形式截留、私分或者变相私分。

第三节　代　履　行

☆☆☆ **第五十条　【代履行的情形】**行政机关依法作出要求当事人履行排除妨碍、恢复原状等义务的行政决定，当事人逾期不履行，经催告仍不履行，其后果已经或者将危害交通安全、造成环境污染或者破坏自然资源的，行政机关可以代履行，或者委托没有利害关系的第三人代履行。

注释

代履行可以由行政机关自己实施，也可以委托第三人实施。代履行的费用由当事人承担。

★★ **第五十一条　【代履行应遵守的规定】**代履行应当遵守下列规定：

（一）代履行前送达决定书，代履行决定书应当载明当事人的姓名或者名称、地址，代履行的理由和依据、方式和时间、标的、费用预算以及代履行人；

（二）代履行三日前，催告当事人履行，当事人履行的，停止代履行；

（三）代履行时，作出决定的行政机关应当派员到场监督；

（四）代履行完毕，行政机关到场监督的工作人员、代履行人和当事人或者见证人应当在执行文书上签名或者盖章。

代履行的费用按照成本合理确定，由当事人承担。但是，法律另有规定的除外。

代履行不得采用暴力、胁迫以及其他非法方式。

★★ **第五十二条　【代履行的立即实施】**需要立即清除道路、河道、航道或者公共场所的遗洒物、障碍物或者污染物，当事人不能清除的，行政机关可以决定立即实施代履行；当事人不在场的，行政机关应当在事后立即通知当事人，并依法作出处理。

注释

立即实施代履行，无须催告程序。

生活小案例

林某在河道内修建了“农家乐”休闲旅社，在紧急防汛期，防汛指挥机构认为需要立即清除该建筑物，林某无法清除，则防汛指挥机构可决定立即实施代履行。即使是在法定节假日，防汛指挥机构也可实施强制清除。

第五章　申请人民法院强制执行

★★ **第五十三条　【申请法院强制执行的情形】** 当事人在法定期限内不申请行政复议或者提起行政诉讼，又不履行行政决定的，没有行政强制执行权的行政机关可以自期限届满之日起三个月内，依照本章规定申请人民法院强制执行。

★★ **第五十四条　【管辖】** 行政机关申请人民法院强制执行前，应当催告当事人履行义务。催告书送达十日后当事人仍未履行义务的，行政机关可以向所在地有管辖权的人民法院申请强制执行；执行对象是不动产的，向不动产所在地有管辖权的人民法院申请强制执行。

注释

行政机关申请人民法院强制执行其行政行为的，由申请人所在地的基层人民法院受理；执行对象为不动产的，由不动产所在地的基层人民法院受理。

第五十五条　【执行申请材料】行政机关向人民法院申请强制执行，应当提供下列材料：

（一）强制执行申请书；

（二）行政决定书及作出决定的事实、理由和依据；

（三）当事人的意见及行政机关催告情况；

（四）申请强制执行标的情况；

（五）法律、行政法规规定的其他材料。

强制执行申请书应当由行政机关负责人签名，加盖行政机关的印章，并注明日期。

第五十六条　【执行申请的受理】人民法院接到行政机关强制执行的申请，应当在五日内受理。

行政机关对人民法院不予受理的裁定有异议的，可以在十五日内向上一级人民法院申请复议，上一级人民法院应当自收到复议申请之日起十五日内作出是否受理的裁定。

★★ **第五十七条　【书面审查】**人民法院对行政机关

强制执行的申请进行书面审查，对符合本法第五十五条规定，且行政决定具备法定执行效力的，除本法第五十八条规定的情形外，人民法院应当自受理之日起七日内作出执行裁定。

注释

人民法院对非诉行政执行审查的一般形式是书面审查，即主要以行政机关提供的书面材料为主进行的审查，相当于形式审查。

★ **第五十八条　【执行裁定】** 人民法院发现有下列情形之一的，在作出裁定前可以听取被执行人和行政机关的意见：

（一）明显缺乏事实根据的；

（二）明显缺乏法律、法规依据的；

（三）其他明显违法并损害被执行人合法权益的。

人民法院应当自受理之日起三十日内作出是否执行的裁定。裁定不予执行的，应当说明理由，并在五日内将不予执行的裁定送达行政机关。

行政机关对人民法院不予执行的裁定有异议的，可以自收到裁定之日起十五日内向上一级人民法院申请复议，上一级人民法院应当自收到复议申请之日起三十日内作出是否执行的裁定。

注释

被申请执行的行政行为有下列情形之一的，人民法院应当裁定不准予执行：（1）实施主体不具有行政主体资格的；（2）明显缺乏事实根据的；（3）明显缺乏法律、法规依据的；（4）其他明显违法并损害被执行人合法权益的情形。

★ **第五十九条　【立即执行】**因情况紧急，为保障公共安全，行政机关可以申请人民法院立即执行。经人民法院院长批准，人民法院应当自作出执行裁定之日起五日内执行。

★ **第六十条　【费用承担和执行措施】**行政机关申请人民法院强制执行，不缴纳申请费。强制执行的费用由被执行人承担。

人民法院以划拨、拍卖方式强制执行的，可以在划拨、拍卖后将强制执行的费用扣除。

依法拍卖财物，由人民法院委托拍卖机构依照《中华人民共和国拍卖法》的规定办理。

划拨的存款、汇款以及拍卖和依法处理所得的款项应当上缴国库或者划入财政专户，不得以任何形式截留、私分或者变相私分。

第六章　法律责任

第六十一条　【违法行政强制的责任】行政机关实施行政强制，有下列情形之一的，由上级行政机关或者有关部门责令改正，对直接负责的主管人员和其他直接责任人员依法给予处分：

（一）没有法律、法规依据的；

（二）改变行政强制对象、条件、方式的；

（三）违反法定程序实施行政强制的；

（四）违反本法规定，在夜间或者法定节假日实施行政强制执行的；

（五）对居民生活采取停止供水、供电、供热、供燃气等方式迫使当事人履行相关行政决定的；

（六）有其他违法实施行政强制情形的。

第六十二条　【滥用行政强制的责任】违反本法规定，行政机关有下列情形之一的，由上级行政机关或者有关部门责令改正，对直接负责的主管人员和其他直接责任人员依法给予处分：

（一）扩大查封、扣押、冻结范围的；

（二）使用或者损毁查封、扣押场所、设施或者财物的；

（三）在查封、扣押法定期间不作出处理决定或者未依法及时解除查封、扣押的；

（四）在冻结存款、汇款法定期间不作出处理决定或者未依法及时解除冻结的。

第六十三条　【渎职责任】行政机关将查封、扣押的财物或者划拨的存款、汇款以及拍卖和依法处理所得的款项，截留、私分或者变相私分的，由财政部门或者有关部门予以追缴；对直接负责的主管人员和其他直接责任人员依法给予记大过、降级、撤职或者开除的处分。

行政机关工作人员利用职务上的便利，将查封、扣押的场所、设施或者财物据为己有的，由上级行政机关或者有关部门责令改正，依法给予记大过、降级、撤职或者开除的处分。

第六十四条　【谋取私利的责任】行政机关及其工作人员利用行政强制权为单位或者个人谋取利益的，由上级行政机关或者有关部门责令改正，对直接负责的主管人员和其他直接责任人员依法给予处分。

第六十五条　【金融机构违法责任一】违反本法规定，金融机构有下列行为之一的，由金融业监督管理机构责令改正，对直接负责的主管人员和其他直接责任人员依法给予处分：

（一）在冻结前向当事人泄露信息的；

（二）对应当立即冻结、划拨的存款、汇款不冻结或者不划拨，致使存款、汇款转移的；

（三）将不应当冻结、划拨的存款、汇款予以冻结或者划拨的；

（四）未及时解除冻结存款、汇款的。

第六十六条　【金融机构违法责任二】违反本法规定，金融机构将款项划入国库或者财政专户以外的其他账户的，由金融业监督管理机构责令改正，并处以违法划拨款项二倍的罚款；对直接负责的主管人员和其他直接责任人员依法给予处分。

违反本法规定，行政机关、人民法院指令金融机构将款项划入国库或者财政专户以外的其他账户的，对直接负责的主管人员和其他直接责任人员依法给予处分。

第六十七条　【司法人员违法责任】人民法院及其工作人员在强制执行中有违法行为或者扩大强制执行范围的，对直接负责的主管人员和其他直接责任人员依法给予处分。

第六十八条　【赔偿责任和刑事责任】违反本法

规定，给公民、法人或者其他组织造成损失的，依法给予赔偿。

违反本法规定，构成犯罪的，依法追究刑事责任。

第七章　附　　则

第六十九条　【期限的界定】本法中十日以内期限的规定是指工作日，不含法定节假日。

第七十条　【法定授权组织的适用情形】法律、行政法规授权的具有管理公共事务职能的组织在法定授权范围内，以自己的名义实施行政强制，适用本法有关行政机关的规定。

第七十一条　【实施日期】本法自2012年1月1日起施行。

▶▶小测试◀◀①

1. 法律对行政强制措施的对象、条件、种类作了规定的，行政法规、地方性法规可以作出适当扩大。(　　)

① 【答案】1. ×，解析：《行政强制法》第11条第1款。2. √。3. √。4. C。5. C。6. B。7. D。8. ABC。9. 夜间；法定节假日；不得。10. 催告；交通安全；环境污染；自然资源；没有利害关系的第三人。

2. 违法行为涉嫌犯罪应当移送司法机关的，行政机关应当将查封、扣押、冻结的财物一并移送，并书面告知当事人。(　　)

3. 当事人收到催告书后有权进行陈述和申辩。行政机关应当充分听取当事人的意见，对当事人提出的事实、理由和证据，应当进行记录、复核。当事人提出的事实、理由或者证据成立的，行政机关应当采纳。(　　)

4. 下列哪一项不属于行政强制执行的方式？(　　)

A. 划拨存款、汇款

B. 代履行

C. 罚款

D. 拍卖扣押的财物

5. 关于行政机关实施行政强制措施应当遵守的规定，下列哪一选项是错误的？(　　)

A. 出示执法身份证件

B. 通知当事人到场

C. 情况紧急，需要当场实施行政强制措施的，应当立即向行政机关负责人报告

D. 制作现场笔录

6. 关于冻结存款、汇款的程序，下列哪一项是不正确的？(　　)

A. 由法律规定的行政机关实施

B. 可以委托给其他行政机关或者组织实施

C. 冻结存款、汇款的数额应当与违法行为涉及的金额相当

D. 已被其他国家机关依法冻结的，不得重复冻结

7. 关于行政强制执行协议，下列哪一说法是不正确的？（　　）

A. 不得损害公共利益和他人合法权益

B. 可以约定分阶段履行

C. 当事人采取补救措施的，可以减免加处的罚款或者滞纳金

D. 当事人不履行执行协议的，行政机关可以强制执行该协议

8. 以下哪些选项属于可以查封、扣押的范围？（　　）

A. 涉案的场所

B. 涉案的设施

C. 涉案的财物

D. 涉案的生活必需品

9. 行政机关不得在____或者____实施行政强制执行。但是，情况紧急的除外。行政机关____对居民生活采取停止供水、供电、供热、供燃气等方式迫使当事人履行相关行政决定。

10. 行政机关依法作出要求当事人履行排除妨碍、恢复原状等义务的行政决定，当事人逾期不履行，经____仍不履行，其后果已经或者将危害____、造成____或者破坏____的，行政机关可以代履行，或者委托____代履行。

中华人民共和国行政复议法

（1999年4月29日第九届全国人民代表大会常务委员会第九次会议通过　根据2009年8月27日第十一届全国人民代表大会常务委员会第十次会议《关于修改部分法律的决定》第一次修正　根据2017年9月1日第十二届全国人民代表大会常务委员会第二十九次会议《关于修改〈中华人民共和国法官法〉等八部法律的决定》第二次修正）

第一章　总　　则

第一条　【立法目的】为了防止和纠正违法的或者不当的具体行政行为，保护公民、法人和其他组织的合法权益，保障和监督行政机关依法行使职权，根据宪法，制定本法。

★★ **第二条　【适用范围】**公民、法人或者其他组织认为具体行政行为侵犯其合法权益，向行政机关提出行政复议申请，行政机关受理行政复议申请、作出行政复议决定，适用本法。

注释

行政复议，是指相对人认为行政机关的具体行政行为侵犯其合法权益，依法向行政复议机关提出申请，行政复议机关对该具体行政行为进行合法性、合理性审查的活动，是一种准司法行为。

第三条　【复议机关及其职责】依照本法履行行政复议职责的行政机关是行政复议机关。行政复议机关负责法制工作的机构具体办理行政复议事项，履行下列职责：

（一）受理行政复议申请；

（二）向有关组织和人员调查取证，查阅文件和资料；

（三）审查申请行政复议的具体行政行为是否合法与适当，拟订行政复议决定；

（四）处理或者转送对本法第七条所列有关规定的审查申请；

（五）对行政机关违反本法规定的行为依照规定的权限和程序提出处理建议；

（六）办理因不服行政复议决定提起行政诉讼的

应诉事项；

（七）法律、法规规定的其他职责。

行政机关中初次从事行政复议的人员，应当通过国家统一法律职业资格考试取得法律职业资格。

☞ **相关法条**

《行政复议法实施条例》第3条

★ **第四条 【复议原则】**行政复议机关履行行政复议职责，应当遵循合法、公正、公开、及时、便民的原则，坚持有错必纠，保障法律、法规的正确实施。

★★ **第五条 【司法救济】**公民、法人或者其他组织对行政复议决定不服的，可以依照行政诉讼法的规定向人民法院提起行政诉讼，但是法律规定行政复议决定为最终裁决的除外。

☞ **相关法条**

本法第30条

《行政诉讼法》第13条、第44条

第二章 行政复议范围

★★★ **第六条 【复议范围】**有下列情形之一的，公民、法人或者其他组织可以依照本法申请行政复议：

（一）对行政机关作出的警告、罚款、没收违法所得、没收非法财物、责令停产停业、暂扣或者吊销许可证、暂扣或者吊销执照、行政拘留等行政处罚决定不服的；

（二）对行政机关作出的限制人身自由或者查封、扣押、冻结财产等行政强制措施决定不服的；

（三）对行政机关作出的有关许可证、执照、资质证、资格证等证书变更、中止、撤销的决定不服的；

（四）对行政机关作出的关于确认土地、矿藏、水流、森林、山岭、草原、荒地、滩涂、海域等自然资源的所有权或者使用权的决定不服的；

（五）认为行政机关侵犯合法的经营自主权的；

（六）认为行政机关变更或者废止农业承包合同，侵犯其合法权益的；

（七）认为行政机关违法集资、征收财物、摊派费用或者违法要求履行其他义务的；

（八）认为符合法定条件，申请行政机关颁发许可证、执照、资质证、资格证等证书，或者申请行政机关审批、登记有关事项，行政机关没有依法办理的；

（九）申请行政机关履行保护人身权利、财产权利、受教育权利的法定职责，行政机关没有依法履行的；

（十）申请行政机关依法发放抚恤金、社会保险金或者最低生活保障费，行政机关没有依法发放的；

（十一）认为行政机关的其他具体行政行为侵犯其合法权益的。

注释

行政复议的范围，是指行政复议机关受理复议案件的权限，即哪些行政行为可以成为行政复议的对象。行政复议范围与行政诉讼范围大致相同，在方式上也采用了概括加列举的方式。

☞ **相关法条**

《行政诉讼法》第12条、第13条

第七条 【规定的审查】 公民、法人或者其他组织认为行政机关的具体行政行为所依据的下列规定不合法，在对具体行政行为申请行政复议时，可以一并向行政复议机关提出对该规定的审查申请：

（一）国务院部门的规定；

（二）县级以上地方各级人民政府及其工作部门的规定；

（三）乡、镇人民政府的规定。

前款所列规定不含国务院部、委员会规章和地方人民政府规章。规章的审查依照法律、行政法规办理。

注释

可以附带审查的抽象行政行为：（1）国务院部门的规定（部门规章除外）；（2）县级以上地方政府及其工作部门的规定（地方政府规章除外）；（3）乡镇政府的规定。

不可以附带审查的抽象行政行为：（1）行政法规；（2）部门规章；（3）地方政府规章；（4）国务院的决定、命令等。

☞ **相关法条**

《行政诉讼法》第13条

《行政复议法实施条例》第26条

☆☆ **第八条　【申诉及诉讼】**不服行政机关作出的行政处分或者其他人事处理决定的，依照有关法律、行政法规的规定提出申诉。

不服行政机关对民事纠纷作出的调解或者其他处理，依法申请仲裁或者向人民法院提起诉讼。

注释

内部行政行为不可复议；行政调解不可复议。

第三章　行政复议申请

☆☆ **第九条　【复议期间】**公民、法人或者其他组织认为具体行政行为侵犯其合法权益的，可以自知道该具体行政行为之日起六十日内提出行政复议申请；但是法律规定的申请期限超过六十日的除外。

因不可抗力或者其他正当理由耽误法定申请期限的，申请期限自障碍消除之日起继续计算。

注释

申请人可以自知道具体行政行为之日起60日内提出行政复议申请，但是法律规定的申请期限超过60日的除外，也即复议申请期限至少为60日。申请期限小于60日的规定无效。

☞ **相关法条**

《行政复议法实施条例》第15-17条

☆☆ **第十条　【复议申请人】**依照本法申请行政复议的公民、法人或者其他组织是申请人。

有权申请行政复议的公民死亡的，其近亲属可以申请行政复议。有权申请行政复议的公民为无民事行为能力人或者限制民事行为能力人的，其法定代理人可以代为申请行政复议。有权申请行政复议的法人或者其他组织终止的，承受其权利的法人或者其他组织可以申请行政复议。

同申请行政复议的具体行政行为有利害关系的其他公民、法人或者其他组织，可以作为第三人参加行政复议。

公民、法人或者其他组织对行政机关的具体行政行为不服申请行政复议的，作出具体行政行为的行政机关是被申请人。

申请人、第三人可以委托代理人代为参加行政复议。

☞ **相关法条**

《行政复议法实施条例》第 6-14 条

第十一条　【复议申请】 申请人申请行政复议，可以书面申请，也可以口头申请；口头申请的，行政复议机关应当当场记录申请人的基本情况、行政复议请求、申请行政复议的主要事实、理由和时间。

☞ **相关法条**

《行政复议法实施条例》第 18-21 条

☆☆ **第十二条　【部门具体行政行为的复议机关】** 对县级以上地方各级人民政府工作部门的具体行政行为不

服的，由申请人选择，可以向该部门的本级人民政府申请行政复议，也可以向上一级主管部门申请行政复议。

对海关、金融、国税、外汇管理等实行垂直领导的行政机关和国家安全机关的具体行政行为不服的，向上一级主管部门申请行政复议。

生活小案例

1. 甲市乙县市场监督管理局认定某企业利用广告对商品作引人误解的虚假宣传，构成不正当竞争，对其作出10万元罚款的处罚决定。该企业不服，申请复议，既可以向乙县人民政府提出申请，也可以向甲市市场监督管理局提出申请。

2. 某公司涉嫌走私汽车，被甲省乙市海关扣押，并罚款50万元。某公司不服，申请复议，只能向甲省海关提出复议申请。

☞ **相关法条**

《行政复议法实施条例》第24条

第十三条　【对地方政府和派出机关具体行政行为不服的复议申请】 对地方各级人民政府的具体行政行为不服的，向上一级地方人民政府申请行政复议。

对省、自治区人民政府依法设立的派出机关所属的县级地方人民政府的具体行政行为不服的，向该派出机关申请行政复议。

注释

派出机关主要有三类：行政公署；区公所；街道办事处。

第十四条　【对国务院部门和省级政府具体行政行为不服的复议申请】对国务院部门或者省、自治区、直辖市人民政府的具体行政行为不服的，向作出该具体行政行为的国务院部门或者省、自治区、直辖市人民政府申请行政复议。对行政复议决定不服的，可以向人民法院提起行政诉讼；也可以向国务院申请裁决，国务院依照本法的规定作出最终裁决。

注释

不服省部级行政机关的具体行政行为申请行政复议，必须先原级复议；对原级复议不服的，可选择提起行政诉讼，或者向国务院申请行政复议（终裁）。

相关法条

《行政复议法实施条例》第23条

第十五条　【其他机关具体行政行为的复议机关】对本法第十二条、第十三条、第十四条规定以外的其他行政机关、组织的具体行政行为不服的，按照下列规定申请行政复议：

（一）对县级以上地方人民政府依法设立的派出机关的具体行政行为不服的，向设立该派出机关的人民政府申请行政复议；

（二）对政府工作部门依法设立的派出机构依照法律、法规或者规章规定，以自己的名义作出的具体行政行为不服的，向设立该派出机构的部门或者该部门的本级地方人民政府申请行政复议；

（三）对法律、法规授权的组织的具体行政行为不服的，分别向直接管理该组织的地方人民政府、地方人民政府工作部门或者国务院部门申请行政复议；

（四）对两个或者两个以上行政机关以共同的名义作出的具体行政行为不服的，向其共同上一级行政机关申请行政复议；

（五）对被撤销的行政机关在撤销前所作出的具体行政行为不服的，向继续行使其职权的行政机关的上一级行政机关申请行政复议。

有前款所列情形之一的，申请人也可以向具体行政行为发生地的县级地方人民政府提出行政复议申请，由接受申请的县级地方人民政府依照本法第十八条的规定办理。

注释

派出机构是指政府职能部门根据工作需要而在一定区域设置的，代表该职能部门管理某项行政事务的派出工作机构，如公安派出所、税务所、市场监管所等。

生活小案例

甲市乙区公安分局所辖派出所以李某制造噪声干扰他人正常生活为由，处以500元罚款。根据《治安管理处罚法》第91条，派出所有权实施500元以下罚款。若李某不服罚款，申请复议，既可以向设立该派出机构的部门乙区公安分局提出申请，也可以向该部门的本级地方人民政府即乙区人民政府提出申请。

第十六条　【复议与诉讼的选择】公民、法人或者其他组织申请行政复议，行政复议机关已经依法受理的，或者法律、法规规定应当先向行政复议机关申请行政复议、对行政复议决定不服再向人民法院提起行政诉讼的，在法定行政复议期限内不得向人民法院提起行政诉讼。

公民、法人或者其他组织向人民法院提起行政诉讼，人民法院已经依法受理的，不得申请行政复议。

注 释

1. 行政复议期间，不得再提起行政诉讼；行政诉讼期间，也不得再申请行政复议。

2. 复议前置的，应当先复议后诉讼。

常见的复议前置情形有：

（1）有关纳税争议的行政行为案件（《税收征收管理法》第 88 条第 1 款）；

（2）有关确认既得自然资源权利的案件（《行政复议法》第 30 条第 1 款）；

（3）禁止或限制经营者集中的行政行为案件（《反垄断法》第 53 条第 1 款）。

第四章　行政复议受理

★★ **第十七条　【复议的受理】** 行政复议机关收到行政复议申请后，应当在五日内进行审查，对不符合本法规定的行政复议申请，决定不予受理，并书面告知申请人；对符合本法规定，但是不属于本机关受理的行政复议申请，应当告知申请人向有关行政复议机关提出。

除前款规定外，行政复议申请自行政复议机关负责法制工作的机构收到之日起即为受理。

☞ **相关法条**

《行政复议法实施条例》第27-30条

第十八条 【复议申请的转送】依照本法第十五条第二款的规定接受行政复议申请的县级地方人民政府，对依照本法第十五条第一款的规定属于其他行政复议机关受理的行政复议申请，应当自接到该行政复议申请之日起七日内，转送有关行政复议机关，并告知申请人。接受转送的行政复议机关应当依照本法第十七条的规定办理。

☆☆ **第十九条 【复议之后的行政诉讼】**法律、法规规定应当先向行政复议机关申请行政复议、对行政复议决定不服再向人民法院提起行政诉讼的，行政复议机关决定不予受理或者受理后超过行政复议期限不作答复的，公民、法人或者其他组织可以自收到不予受理决定书之日起或者行政复议期满之日起十五日内，依法向人民法院提起行政诉讼。

☞ **相关法条**

《行政诉讼法》第45条

★ **第二十条 【上级机关责令受理及直接受理】**公民、法人或者其他组织依法提出行政复议申请，行政复议机关无正当理由不予受理的，上级行政机关应当责令其受理；必要时，上级行政机关也可以直接受理。

☞ **相关法条**

《行政复议法实施条例》第 31 条

★★ **第二十一条　【执行停止事项】** 行政复议期间具体行政行为不停止执行；但是，有下列情形之一的，可以停止执行：

（一）被申请人认为需要停止执行的；

（二）行政复议机关认为需要停止执行的；

（三）申请人申请停止执行，行政复议机关认为其要求合理，决定停止执行的；

（四）法律规定停止执行的。

☞ **相关法条**

《行政处罚法》第 73 条

《行政诉讼法》第 56 条

第五章　行政复议决定

★ **第二十二条　【书面审查原则及例外】** 行政复议原则上采取书面审查的办法，但是申请人提出要求或者行政复议机关负责法制工作的机构认为有必要时，可以向有关组织和人员调查情况，听取申请人、被申请人和第三人的意见。

注释

行政复议原则上书面审查，在两种情形下可实质审查：(1) 申请人提出要求；(2) 行政复议机关负责法制工作的机构认为有必要。

☞ **相关法条**

《行政复议法实施条例》第 33–34 条

★ **第二十三条　【复议程序事项】**行政复议机关负责法制工作的机构应当自行政复议申请受理之日起七日内，将行政复议申请书副本或者行政复议申请笔录复印件发送被申请人。被申请人应当自收到申请书副本或者申请笔录复印件之日起十日内，提出书面答复，并提交当初作出具体行政行为的证据、依据和其他有关材料。

申请人、第三人可以查阅被申请人提出的书面答复、作出具体行政行为的证据、依据和其他有关材料，除涉及国家秘密、商业秘密或者个人隐私外，行政复议机关不得拒绝。

★★ **第二十四条　【被申请人不得自行取证】**在行政

复议过程中，被申请人不得自行向申请人和其他有关组织或者个人收集证据。

注释

行政机关“先决定、后取证”的做法，会损害相对人的权益，与依法行政的原则相悖，因此本条对“后取证”的做法予以禁止。

☞ **相关法条**

《行政诉讼法》第35条

★ **第二十五条　【申请撤回】** 行政复议决定作出前，申请人要求撤回行政复议申请的，经说明理由，可以撤回；撤回行政复议申请的，行政复议终止。

☞ **相关法条**

《行政复议法实施条例》第38条

☆☆ **第二十六条　【复议机关对规定的处理】** 申请人在申请行政复议时，一并提出对本法第七条所列有关规定的审查申请的，行政复议机关对该规定有权处理的，应当在三十日内依法处理；无权处理的，应当在七日内按照法定程序转送有权处理的行政机关依法处理，有权处理的行政机关应当在六十日内依法处理。处理期间，中止对具体行政行为的审查。

生活小案例

刘某对乙市公安局依据甲省公安厅的规定对其作出的治安管理处罚决定不服，向乙市政府申请行政复议，同时要求审查该规定的合法性。本案中，甲省公安厅的规定属于《行政复议法》第7条规定的可以附带审查的规范性文件，可以予以附带审查。但是，乙市政府作为复议机关无权处理该规范性文件，其应当在7日内按照法定程序转送有权处理的行政机关（如甲省政府）依法处理；处理期间，中止对该行政处罚决定的审查。

第二十七条　【对具体行政行为合法性的审查处理】 行政复议机关在对被申请人作出的具体行政行为进行审查时，认为其依据不合法，本机关有权处理的，应当在三十日内依法处理；无权处理的，应当在七日内按照法定程序转送有权处理的国家机关依法处理。处理期间，中止对具体行政行为的审查。

注释

不同于第26条规定的依申请审查，本条中复议机关主动对具体行政行为作出的依据进行审查，不限于本法第7条规定的三种情形，审查内容可以包括法律、行政法规、地方性法规、规章等。

★★ 第二十八条 【复议决定的作出】行政复议机关负责法制工作的机构应当对被申请人作出的具体行政行为进行审查，提出意见，经行政复议机关的负责人同意或者集体讨论通过后，按照下列规定作出行政复议决定：

（一）具体行政行为认定事实清楚，证据确凿，适用依据正确，程序合法，内容适当的，决定维持；

（二）被申请人不履行法定职责的，决定其在一定期限内履行；

（三）具体行政行为有下列情形之一的，决定撤销、变更或者确认该具体行政行为违法；决定撤销或者确认该具体行政行为违法的，可以责令被申请人在一定期限内重新作出具体行政行为：

1. 主要事实不清、证据不足的；
2. 适用依据错误的；
3. 违反法定程序的；
4. 超越或者滥用职权的；
5. 具体行政行为明显不当的。

（四）被申请人不按照本法第二十三条的规定提出书面答复、提交当初作出具体行政行为的证据、依据和其他有关材料的，视为该具体行政行为没有证据、依据，决定撤销该具体行政行为。

行政复议机关责令被申请人重新作出具体行政行为的，被申请人不得以同一的事实和理由作出与原具体行政行为相同或者基本相同的具体行政行为。

☞ **相关法条**

《行政复议法实施条例》第43-49条

☆☆ **第二十九条 【行政赔偿】** 申请人在申请行政复议时可以一并提出行政赔偿请求，行政复议机关对符合国家赔偿法的有关规定应当给予赔偿的，在决定撤销、变更具体行政行为或者确认具体行政行为违法时，应当同时决定被申请人依法给予赔偿。

申请人在申请行政复议时没有提出行政赔偿请求的，行政复议机关在依法决定撤销或者变更罚款，撤销违法集资、没收财物、征收财物、摊派费用以及对财产的查封、扣押、冻结等具体行政行为时，应当同时责令被申请人返还财产，解除对财产的查封、扣押、冻结措施，或者赔偿相应的价款。

☆☆☆ **第三十条 【对侵犯自然资源所有权或使用权行为的先行复议原则】** 公民、法人或者其他组织认为行政机关的具体行政行为侵犯其已经依法取得的土地、矿藏、水流、森林、山岭、草原、荒地、滩涂、海域等自然资源的所有权或者使用权的，应当先申请行政复议；对行政复议决定不服的，可以依法向人民法院提起行政诉讼。

根据国务院或者省、自治区、直辖市人民政府对行政区划的勘定、调整或者征收土地的决定，省、自治区、直辖市人民政府确认土地、矿藏、水流、森林、山岭、草原、荒地、滩涂、海域等自然资源的所有权或者使用权的行政复议决定为最终裁决。

注释

第1款的复议前置应同时满足以下条件：(1) 属于侵犯自然资源权利的案件；(2) 侵犯的是被害人已经依法取得的自然资源权利；(3) 侵犯的权利仅限于所有权和使用权。

第2款的复议终局应同时满足以下条件：(1) 行为主体：省级政府；(2) 行为性质：复议决定；(3) 行为内容：确认自然资源所有权或使用权；(4) 行为依据：根据国务院或者省级政府对行政区划的勘定、调整或征用土地的决定。

生活小案例

陈某拥有两块山场的山林权证。林改期间，张某认为该山场是自家的土改山，要求陈某返还。经村委会协调，陈某同意把部分山场给予张某，并签订了协议。事后，陈某反悔，对协议提出异议。张某请镇政府调处，镇政府依张某提交的协议书复印件，向张某发放了山林权证。对镇政府的行为，陈某能不能直接向法院提起行政诉讼？不能。镇政府的行为将山林权确认给了张某，侵犯了已经取得山林权证的陈某的自然资源权利，应当复议前置，不能直接提起行政诉讼。

☞ **相关法条**

《行政复议法实施条例》第25条

☆☆ **第三十一条 【复议期限】** 行政复议机关应当自受理申请之日起六十日内作出行政复议决定；但是法律规定的行政复议期限少于六十日的除外。情况复杂，不能在规定期限内作出行政复议决定的，经行政复议机关的负责人批准，可以适当延长，并告知申请人和被申请人；但是延长期限最多不超过30日。

行政复议机关作出行政复议决定，应当制作行政复议决定书，并加盖印章。

行政复议决定书一经送达，即发生法律效力。

注释

行政复议期限最多为60日，其他法律规定的复议期限不得高于60日。

本条注意与第9条规定的复议申请期限（最少为60日）相区分。

第三十二条　【复议决定的履行】被申请人应当履行行政复议决定。

被申请人不履行或者无正当理由拖延履行行政复议决定的，行政复议机关或者有关上级行政机关应当责令其限期履行。

注释

被申请人（行政机关）不履行复议决定的，由其上级机关或复议机关责令限期履行，不能申请人民法院强制执行。

生活小案例

某县政府依田某申请作出复议决定，撤销某县公安局对田某车辆的错误登记，责令在30日内重新登记，但某县公安局拒绝进行重新登记。则田某可以请求某县政府责令县公安局予以登记。

第三十三条　【不履行复议决定的处理】申请人逾期不起诉又不履行行政复议决定的，或者不履行最终裁决的行政复议决定的，按照下列规定分别处理：

（一）维持具体行政行为的行政复议决定，由作出具体行政行为的行政机关依法强制执行，或者申请人民法院强制执行；

（二）变更具体行政行为的行政复议决定，由行政复议机关依法强制执行，或者申请人民法院强制执行。

注释

申请人（公民、法人或其他组织）不履行复议决定的：（1）复议维持的，由原行政机关强制执行或申请法院强制执行；（2）复议改变的，由复议机关强制执行或申请法院强制执行。

第六章　法律责任

第三十四条　【复议机关不依法履行职责的处罚】行政复议机关违反本法规定，无正当理由不予受理依法提出的行政复议申请或者不按照规定转送行政复议申请的，或者在法定期限内不作出行政复议决定的，对直接负责的主管人员和其他直接责任人员依法给予警告、记过、记大过的行政处分；经责令受理仍不受理或者不按照规定转送行政复议申请，造成严重后果的，依法给予降级、撤职、开除的行政处分。

第三十五条　【渎职处罚】行政复议机关工作人

员在行政复议活动中，徇私舞弊或者有其他渎职、失职行为的，依法给予警告、记过、记大过的行政处分；情节严重的，依法给予降级、撤职、开除的行政处分；构成犯罪的，依法追究刑事责任。

☞ **相关法条**

《刑法》第397条

第三十六条　【被申请人不提交答复、资料和阻碍他人复议申请的处罚】被申请人违反本法规定，不提出书面答复或者不提交作出具体行政行为的证据、依据和其他有关材料，或者阻挠、变相阻挠公民、法人或者其他组织依法申请行政复议的，对直接负责的主管人员和其他直接责任人员依法给予警告、记过、记大过的行政处分；进行报复陷害的，依法给予降级、撤职、开除的行政处分；构成犯罪的，依法追究刑事责任。

第三十七条　【不履行、迟延履行复议决定的处罚】被申请人不履行或者无正当理由拖延履行行政复议决定的，对直接负责的主管人员和其他直接责任人员依法给予警告、记过、记大过的行政处分；经责令履行仍拒不履行的，依法给予降级、撤职、开除的行政处分。

第三十八条　【复议机关的建议权】行政复议机关负责法制工作的机构发现有无正当理由不予受理行政复议申请、不按照规定期限作出行政复议决定、徇私舞弊、对申请人打击报复或者不履行行政复议决定等情形的，应当向有关行政机关提出建议，有关行政机关应当依照本法和有关法律、行政法规的规定作出处理。

第七章　附　　则

★ **第三十九条　【经费来源】**行政复议机关受理行政复议申请，不得向申请人收取任何费用。行政复议活动所需经费，应当列入本机关的行政经费，由本级财政予以保障。

第四十条　【期间计算和文书送达】行政复议期间的计算和行政复议文书的送达，依照民事诉讼法关于期间、送达的规定执行。

本法关于行政复议期间有关“五日”、“七日”的规定是指工作日，不含节假日。

第四十一条　【适用范围补充规定】外国人、无国籍人、外国组织在中华人民共和国境内申请行政复议，适用本法。

第四十二条　【法律冲突的解决】本法施行前公布的法律有关行政复议的规定与本法的规定不一致的，以本法的规定为准。

第四十三条　【生效日期】本法自 1999 年 10 月 1 日起施行。1990 年 12 月 24 日国务院发布、1994 年 10 月 9 日国务院修订发布的《行政复议条例》同时废止。

▶▶小测试◀◀①

1. 对被撤销的行政机关在撤销前所作出的具体行政行为不服的，向继续行使其职权的行政机关的上一级行政机关申请行政复议。(　　)

2. 公民、法人或者其他组织向人民法院提起行政诉讼，在诉讼期间，还可以依法申请行政复议。(　　)

3. 公民、法人或者其他组织依法提出行政复议申请，行政复议机关无正当理由不予受理的，上级行政机关应当直接受理。(　　)

4. 对省、自治区人民政府依法设立的派出机关所属的县级地方人民政府的具体行政行为不服的，向（　　）申请行政复议。

① 【答案】1. √。2. ×，解析：《行政复议法》第 16 条第 2 款。3. ×，解析：《行政复议法》第 20 条。4. D。5. C。6. CD。7. ABCD。8. 无正当理由；行政复议机关；有关上级。9. 有权；无权；中止。10. 不得；行政经费。

A. 国务院

B. 省、自治区人民政府

C. 上一级地方人民政府

D. 该派出机关

5. 公民、法人或者其他组织认为行政机关的确权性具体行政行为侵犯其已经依法取得的土地、矿藏、水流、森林、山岭、草原、荒地、滩涂、海域等自然资源的所有权和使用权的，可以采取何种救济措施？（　　）

A. 可以提起行政诉讼

B. 只能申请行政复议

C. 应当先申请行政复议，对复议决定不服再提起行政诉讼

D. 向人民法院进行申诉

6. 对县级以上地方各级人民政府工作部门的具体行政行为不服的，由申请人选择，可以向以下哪些机关申请行政复议？（　　）

A. 国务院

B. 省、自治区、直辖市人民政府

C. 该部门的本级人民政府

D. 上一级主管部门

7. 行政复议期间具体行政行为不停止执行；但是，有下列哪些情形之一的，可以停止执行？（　　）

A. 被申请人认为需要停止执行的

B. 行政复议机关认为需要停止执行的

C. 申请人申请停止执行，行政复议机关认为其要求合理，决定停止执行的

D. 法律规定停止执行的

8. 被申请人不履行或者____拖延履行行政复议决定的，____或者____行政机关应当责令其限期履行。

9. 行政复议机关在对被申请人作出的具体行政行为进行审查时，认为其依据不合法，本机关____处理的，应当在30日内依法处理；____处理的，应当在7日内按照法定程序转送有权处理的国家机关依法处理。处理期间，____对具体行政行为的审查。

10. 行政复议机关受理行政复议申请，____向申请人收取费用。行政复议活动所需经费，应当列入本机关的____，由本级财政予以保障。

中华人民共和国行政诉讼法

（1989年4月4日第七届全国人民代表大会第二次会议通过　根据2014年11月1日第十二届全国人民代表大会常务委员会第十一次会议《关于修改〈中华人民共和国行政诉讼法〉的决定》第一次修正　根据2017年6月27日第十二届全国人民代表大会常务委员会第二十八次会议《关于修改〈中华人民共和国民事诉讼法〉和〈中华人民共和国行政诉讼法〉的决定》第二次修正）

第一章　总　　则

第一条　【立法目的】为保证人民法院公正、及时审理行政案件，解决行政争议，保护公民、法人和其他组织的合法权益，监督行政机关依法行使职权，根据宪法，制定本法。

第二条　【诉权】公民、法人或者其他组织认为行政机关和行政机关工作人员的行政行为侵犯其合法权益，有权依照本法向人民法院提起诉讼。

前款所称行政行为，包括法律、法规、规章授权的组织作出的行政行为。

★★ **第三条 【行政机关负责人出庭应诉】** 人民法院应当保障公民、法人和其他组织的起诉权利，对应当受理的行政案件依法受理。

行政机关及其工作人员不得干预、阻碍人民法院受理行政案件。

被诉行政机关负责人应当出庭应诉。不能出庭的，应当委托行政机关相应的工作人员出庭。

注释

被诉行政机关负责人，包括行政机关的正职、副职负责人、参与分管被诉行政行为实施工作的副职级别的负责人以及其他参与分管的负责人。被诉行政机关委托的组织或者下级行政机关的负责人，不能作为被诉行政机关负责人出庭。

☞ **相关法条**

《行诉解释》第128条至第132条

第四条 【独立行使审判权】 人民法院依法对行政案件独立行使审判权，不受行政机关、社会团体和个人的干涉。

人民法院设行政审判庭，审理行政案件。

第五条　【以事实为根据，以法律为准绳原则】 人民法院审理行政案件，以事实为根据，以法律为准绳。

☆☆ **第六条　【合法性审查原则】** 人民法院审理行政案件，对行政行为是否合法进行审查。

注释

行政行为的合法性，不仅包括认定事实清楚、适用法律正确、符合法定程序，还包括行政机关在自由裁量领域合理使用行政自由裁量权，明显不合理的行政行为构成滥用职权。

☞ **相关法条**

《行诉解释》第135条

第七条　【合议、回避、公开审判和两审终审原则】 人民法院审理行政案件，依法实行合议、回避、公开审判和两审终审制度。

☆ **第八条　【法律地位平等原则】** 当事人在行政诉讼中的法律地位平等。

第九条　【本民族语言文字原则】 各民族公民都有用本民族语言、文字进行行政诉讼的权利。

在少数民族聚居或者多民族共同居住的地区，人民法院应当用当地民族通用的语言、文字进行审理和发布法律文书。

人民法院应当对不通晓当地民族通用的语言、文字的诉讼参与人提供翻译。

第十条　【辩论原则】当事人在行政诉讼中有权进行辩论。

第十一条　【法律监督原则】人民检察院有权对行政诉讼实行法律监督。

第二章　受 案 范 围

☆☆ **第十二条　【行政诉讼受案范围】**人民法院受理公民、法人或者其他组织提起的下列诉讼：

（一）对行政拘留、暂扣或者吊销许可证和执照、责令停产停业、没收违法所得、没收非法财物、罚款、警告等行政处罚不服的；

（二）对限制人身自由或者对财产的查封、扣押、冻结等行政强制措施和行政强制执行不服的；

（三）申请行政许可，行政机关拒绝或者在法定期限内不予答复，或者对行政机关作出的有关行政许可的其他决定不服的；

（四）对行政机关作出的关于确认土地、矿藏、水流、森林、山岭、草原、荒地、滩涂、海域等自然资源的所有权或者使用权的决定不服的；

（五）对征收、征用决定及其补偿决定不服的；

（六）申请行政机关履行保护人身权、财产权等合法权益的法定职责，行政机关拒绝履行或者不予答复的；

（七）认为行政机关侵犯其经营自主权或者农村土地承包经营权、农村土地经营权的；

（八）认为行政机关滥用行政权力排除或者限制竞争的；

（九）认为行政机关违法集资、摊派费用或者违法要求履行其他义务的；

（十）认为行政机关没有依法支付抚恤金、最低生活保障待遇或者社会保险待遇的；

（十一）认为行政机关不依法履行、未按照约定履行或者违法变更、解除政府特许经营协议、土地房屋征收补偿协议等协议的；

（十二）认为行政机关侵犯其他人身权、财产权等合法权益的。

除前款规定外，人民法院受理法律、法规规定可以提起诉讼的其他行政案件。

注释

行政诉讼受案范围，就法院与行政机关的关系而言，是指法院对行政机关的哪些行政行为拥有司法审查权；从公民、法人或者其他组织的角度而言，是指对行政机关的哪些行政行为不服时可以向法院起诉，以寻求司法救济。

本条属于对行政诉讼受案范围的肯定列举，第1款第1~11项分别为：（1）行政处罚；（2）行政强制；（3）行政许可；（4）行政确认；（5）行政征收、征用及补充决定；（6）行政不作为；（7）侵犯经营自主权或农村土地承包经营权、土地经营权；（8）侵犯公平竞争权；（9）违法要求履行义务；（10）行政给付；（11）行政协议。此外，行政裁决、行政命令、行政奖励等，也属于行政诉讼受案范围。

生活小案例

某公司与县政府签订天然气特许经营协议，后双方发生纠纷，县政府不依法履行协议。由于天然气特许经营协议属于行政协议，行政机关不履行行政协议的行为属于行政诉讼的受案范围，所以某公司可以向法院提起行政诉讼。

☞ **相关法条**

《行诉解释》第1条

☆☆ 第十三条 【受案范围的排除】 人民法院不受理公民、法人或者其他组织对下列事项提起的诉讼：

（一）国防、外交等国家行为；

（二）行政法规、规章或者行政机关制定、发布的具有普遍约束力的决定、命令；

（三）行政机关对行政机关工作人员的奖惩、任免等决定；

（四）法律规定由行政机关最终裁决的行政行为。

注释

本条是对行政诉讼受案范围的否定性列举。归纳起来，以下几类行为不属于行政诉讼受案范围：

1. 行为不具有行政性：(1) 公务员的个人行为；(2) 民事行为；(3) 国家行为；(4) 刑事司法行为；(5) 法律规定的仲裁行为。

2. 行为不具有处分性：(1) 协助法院执行行为（但扩大执行范围、采取违法方式实施的则可诉）；(2) 行政调解；(3) 行政指导；(4) 重复处理行为；(5) 过程性行为（阶段性行为）；(6) 信访办理行为。

3. 行为不具有特定性：行政规范性文件（即抽象行政行为）。

4. 行为不具有外部性：内部行政行为，主要包括：对公务员的奖惩、任免等人事处理决定；上下级行政机关之间的内部层级监督行为。

生活小案例

环保局干部孙某对定期考核被评定为不称职不服向法院起诉，法院应不予受理。因为公务员考核属于行政机关的内部行政行为，不属于行政诉讼受案范围。孙某若对定期考核评定不服，可以依据《公务员法》进行申诉。

☞ **相关法条**

《行诉解释》第2条

第三章　管　　辖

★ **第十四条　【基层人民法院管辖第一审行政案件】**基层人民法院管辖第一审行政案件。

★★ **第十五条　【中级人民法院管辖的第一审行政案件】**中级人民法院管辖下列第一审行政案件：

（一）对国务院部门或者县级以上地方人民政府所作的行政行为提起诉讼的案件；

（二）海关处理的案件；

（三）本辖区内重大、复杂的案件；

（四）其他法律规定由中级人民法院管辖的案件。

注释

有下列情形之一的，属于本条第 3 项规定的“本辖区内重大、复杂的案件”：(1) 社会影响重大的共同诉讼案件；(2) 涉外或者涉及香港特别行政区、澳门特别行政区、台湾地区的案件；(3) 其他重大、复杂案件。

☞ **相关法条**

《行诉解释》第 5 条

第十六条　【高级人民法院管辖的第一审行政案件】 高级人民法院管辖本辖区内重大、复杂的第一审行政案件。

第十七条　【最高人民法院管辖的第一审行政案件】 最高人民法院管辖全国范围内重大、复杂的第一审行政案件。

☆☆ **第十八条　【一般地域管辖和法院跨行政区域管辖】** 行政案件由最初作出行政行为的行政机关所在地人民法院管辖。经复议的案件，也可以由复议机关所在地人民法院管辖。

经最高人民法院批准，高级人民法院可以根据审判工作的实际情况，确定若干人民法院跨行政区域管辖行政案件。

注释

经复议的案件，无论是复议维持，还是复议改变，均可由原行政机关所在地法院和复议机关所在地法院管辖。对复议不作为不服的，只能由复议机关所在地法院管辖。

生活小案例

某市卫健局以董某擅自开展诊疗活动为由作出没收其违法诊疗工具并处5万元罚款的处罚。董某向市政府申请复议，市政府维持了原处罚决定。董某向法院起诉，既可以向市卫健局所在地的法院提起，也可以向市政府所在地的法院提起。

☞ 相关法条

《行诉解释》第3条

☆☆ 第十九条　【限制人身自由行政案件的管辖】 对限制人身自由的行政强制措施不服提起的诉讼，由被告所在地或者原告所在地人民法院管辖。

注释

本条规定的“限制人身自由的行政强制措施”不作扩大解释，不包括行政拘留。

☞ **相关法条**

《行诉解释》第 8 条

☆☆ **第二十条　【不动产行政案件的管辖】** 因不动产提起的行政诉讼，由不动产所在地人民法院管辖。

注释

“因不动产提起的行政诉讼”是指因行政行为导致不动产物权变动而提起的诉讼。不动产已登记的，以不动产登记簿记载的所在地为不动产所在地；不动产未登记的，以不动产实际所在地为不动产所在地。

☞ **相关法条**

《行诉解释》第 9 条

☆ **第二十一条　【选择管辖】** 两个以上人民法院都有管辖权的案件，原告可以选择其中一个人民法院提起诉讼。原告向两个以上有管辖权的人民法院提起诉讼的，由最先立案的人民法院管辖。

☞ **相关法条**

《行诉解释》第 10 条

★★ **第二十二条　【移送管辖】** 人民法院发现受理的案件不属于本院管辖的，应当移送有管辖权的人民法院，受移送的人民法院应当受理。受移送的人民法院认为受移送的案件按照规定不属于本院管辖的，应当报请上级人民法院指定管辖，不得再自行移送。

★ **第二十三条 【指定管辖】** 有管辖权的人民法院由于特殊原因不能行使管辖权的，由上级人民法院指定管辖。

人民法院对管辖权发生争议，由争议双方协商解决。协商不成的，报它们的共同上级人民法院指定管辖。

☞ **相关法条**

《行诉解释》第6条、第7条

★ **第二十四条 【管辖权转移】** 上级人民法院有权审理下级人民法院管辖的第一审行政案件。

下级人民法院对其管辖的第一审行政案件，认为需要由上级人民法院审理或者指定管辖的，可以报请上级人民法院决定。

第四章 诉讼参加人

★★ **第二十五条 【原告资格】** 行政行为的相对人以及其他与行政行为有利害关系的公民、法人或者其他组织，有权提起诉讼。

有权提起诉讼的公民死亡，其近亲属可以提起诉讼。

有权提起诉讼的法人或者其他组织终止，承受其权利的法人或者其他组织可以提起诉讼。

人民检察院在履行职责中发现生态环境和资源保护、食品药品安全、国有财产保护、国有土地使用权出让等领域负有监督管理职责的行政机关违法行使职权或者不作为，致使国家利益或者社会公共利益受到侵害的，应当向行政机关提出检察建议，督促其依法履行职责。行政机关不依法履行职责的，人民检察院依法向人民法院提起诉讼。

注释

本条中的“近亲属”，包括配偶、父母、子女、兄弟姐妹、祖父母、外祖父母、孙子女、外孙子女和其他具有扶养、赡养关系的亲属。

☞ **相关法条**

《行诉解释》第12条至第18条

☆☆ 第二十六条 【被告资格】公民、法人或者其他组织直接向人民法院提起诉讼的，作出行政行为的行政机关是被告。

经复议的案件，复议机关决定维持原行政行为的，作出原行政行为的行政机关和复议机关是共同被告；复议机关改变原行政行为的，复议机关是被告。

复议机关在法定期限内未作出复议决定，公民、法人或者其他组织起诉原行政行为的，作出原行政行为的行政机关是被告；起诉复议机关不作为的，复议机关是被告。

两个以上行政机关作出同一行政行为的，共同作出行政行为的行政机关是共同被告。

行政机关委托的组织所作的行政行为，委托的行政机关是被告。

行政机关被撤销或者职权变更的，继续行使其职权的行政机关是被告。

注释

第2款中的“复议机关改变原行政行为”，是指复议机关改变原行政行为的处理结果。复议机关改变原行政行为所认定的主要事实和证据、改变原行政行为所适用的规范依据，但未改变原行政行为处理结果的，视为复议机关维持原行政行为。

生活小案例

县市监局认定孙某违法经营，决定对孙某罚款5000元。孙某向县政府申请复议，要求撤销该决定，县政府经过复议维持了该决定。孙某不服，向法院起诉，其应当以县市监局和县政府为共同被告。

☞ **相关法条**

《行诉解释》第19条至第25条、第133条

★ **第二十七条　【共同诉讼】** 当事人一方或者双方为二人以上，因同一行政行为发生的行政案件，或者因同类行政行为发生的行政案件、人民法院认为可以合并审理并经当事人同意的，为共同诉讼。

☞ **相关法条**

《行诉解释》第27条

★ **第二十八条　【代表人诉讼】** 当事人一方人数众多的共同诉讼，可以由当事人推选代表人进行诉讼。代表人的诉讼行为对其所代表的当事人发生效力，但代表人变更、放弃诉讼请求或者承认对方当事人的诉讼请求，应当经被代表的当事人同意。

注释

本条规定的"人数众多"，一般指10人以上。

本条规定的代表人为2至5人。代表人可以委托1至2人作为诉讼代理人。

☞ **相关法条**

《行诉解释》第28条

☆☆ **第二十九条　【诉讼第三人】**公民、法人或者其他组织同被诉行政行为有利害关系但没有提起诉讼，或者同案件处理结果有利害关系的，可以作为第三人申请参加诉讼，或者由人民法院通知参加诉讼。

人民法院判决第三人承担义务或者减损第三人权益的，第三人有权依法提起上诉。

注释

行政机关的同一行政行为涉及两个以上利害关系人，其中一部分利害关系人对行政行为不服提起诉讼，人民法院应当通知没有起诉的其他利害关系人作为第三人参加诉讼。

☞ **相关法条**

《行诉解释》第30条

第三十条　【法定代理人】 没有诉讼行为能力的公民，由其法定代理人代为诉讼。法定代理人互相推诿代理责任的，由人民法院指定其中一人代为诉讼。

★ **第三十一条　【委托代理人】** 当事人、法定代理人，可以委托一至二人作为诉讼代理人。

下列人员可以被委托为诉讼代理人：

（一）律师、基层法律服务工作者；

（二）当事人的近亲属或者工作人员；

（三）当事人所在社区、单位以及有关社会团体推荐的公民。

☞ **相关法条**

《行诉解释》第 32 条、第 33 条

★ **第三十二条　【当事人及诉讼代理人权利】** 代理诉讼的律师，有权按照规定查阅、复制本案有关材料，有权向有关组织和公民调查，收集与本案有关的证据。对涉及国家秘密、商业秘密和个人隐私的材料，应当依照法律规定保密。

当事人和其他诉讼代理人有权按照规定查阅、复制本案庭审材料，但涉及国家秘密、商业秘密和个人隐私的内容除外。

第五章　证　　据

★★ **第三十三条**　**【证据种类】**证据包括：

（一）书证；

（二）物证；

（三）视听资料；

（四）电子数据；

（五）证人证言；

（六）当事人的陈述；

（七）鉴定意见；

（八）勘验笔录、现场笔录。

以上证据经法庭审查属实，才能作为认定案件事实的根据。

☆☆ **第三十四条**　**【被告举证责任】**被告对作出的行政行为负有举证责任，应当提供作出该行政行为的证据和所依据的规范性文件。

被告不提供或者无正当理由逾期提供证据，视为没有相应证据。但是，被诉行政行为涉及第三人合法权益，第三人提供证据的除外。

注 释

被告对作出的行政行为负有举证责任是行政诉讼举证责任分配的基本原则，也是行政诉讼区别于其他诉讼的特有原则。

☞ **相关法条**

《行诉证据规定》第 1 条至第 8 条

☆☆ **第三十五条　【行政机关收集证据的限制】** 在诉讼过程中，被告及其诉讼代理人不得自行向原告、第三人和证人收集证据。

☞ **相关法条**

《行诉证据规定》第 59 条至第 61 条

☆ **第三十六条　【被告延期提供证据和补充证据】** 被告在作出行政行为时已经收集了证据，但因不可抗力等正当事由不能提供的，经人民法院准许，可以延期提供。

原告或者第三人提出了其在行政处理程序中没有提出的理由或者证据的，经人民法院准许，被告可以补充证据。

注释

被告申请延期提供证据的，应当在收到起诉状副本之日起15日内以书面方式向人民法院提出。人民法院准许延期提供的，被告应当在正当事由消除后15日内提供证据。逾期提供的，视为被诉行政行为没有相应的证据。

☞ **相关法条**

《行诉解释》第34条

★ **第三十七条 【原告可以提供证据】** 原告可以提供证明行政行为违法的证据。原告提供的证据不成立的，不免除被告的举证责任。

注释

本条规定的原告提供证据证明行政行为的违法性，是原告的权利而非义务。

★★ **第三十八条 【原告举证责任】** 在起诉被告不履行法定职责的案件中，原告应当提供其向被告提出申请的证据。但有下列情形之一的除外：

（一）被告应当依职权主动履行法定职责的；

（二）原告因正当理由不能提供证据的。

在行政赔偿、补偿的案件中，原告应当对行政行为造成的损害提供证据。因被告的原因导致原告无法举证的，由被告承担举证责任。

注释

本条规定之外的举证责任，原则上由被告承担。

☞ **相关法条**

《行诉解释》第 47 条

★★ **第三十九条　【法院要求当事人提供或者补充证据】** 人民法院有权要求当事人提供或者补充证据。

☞ **相关法条**

《行诉解释》第 37 条、第 38 条

《行诉证据规定》第 22 条、第 23 条、第 52 条

★ **第四十条　【法院调取证据】** 人民法院有权向有关行政机关以及其他组织、公民调取证据。但是，不得为证明行政行为的合法性调取被告作出行政行为时未收集的证据。

第四十一条　【申请法院调取证据】 与本案有关的下列证据，原告或者第三人不能自行收集的，可以申请人民法院调取：

（一）由国家机关保存而须由人民法院调取的证据；

（二）涉及国家秘密、商业秘密和个人隐私的证据；

（三）确因客观原因不能自行收集的其他证据。

★★ 第四十二条 【证据保全】在证据可能灭失或者以后难以取得的情况下，诉讼参加人可以向人民法院申请保全证据，人民法院也可以主动采取保全措施。

第四十三条 【证据适用规则】证据应当在法庭上出示，并由当事人互相质证。对涉及国家秘密、商业秘密和个人隐私的证据，不得在公开开庭时出示。

人民法院应当按照法定程序，全面、客观地审查核实证据。对未采纳的证据应当在裁判文书中说明理由。

以非法手段取得的证据，不得作为认定案件事实的根据。

☞ **相关法条**

《行诉解释》第 43 条

第六章 起诉和受理

★★ 第四十四条 【行政复议与行政诉讼的关系】对属于人民法院受案范围的行政案件，公民、法人或者其他组织可以先向行政机关申请复议，对复议决定不服的，再向人民法院提起诉讼；也可以直接向人民法院提起诉讼。

法律、法规规定应当先向行政机关申请复议，对复议决定不服再向人民法院提起诉讼的，依照法律、法规的规定。

注释

法律、法规规定应当先申请复议，公民、法人或者其他组织未申请复议直接提起诉讼的，人民法院裁定不予立案。

☆☆ **第四十五条　【经行政复议的起诉期限】** 公民、法人或者其他组织不服复议决定的，可以在收到复议决定书之日起十五日内向人民法院提起诉讼。复议机关逾期不作决定的，申请人可以在复议期满之日起十五日内向人民法院提起诉讼。法律另有规定的除外。

☞ **相关法条**

《行诉解释》第 56 条至第 59 条

☆☆ **第四十六条　【起诉期限】** 公民、法人或者其他组织直接向人民法院提起诉讼的，应当自知道或者应当知道作出行政行为之日起六个月内提出。法律另有规定的除外。

因不动产提起诉讼的案件自行政行为作出之日起超过二十年，其他案件自行政行为作出之日起超过五年提起诉讼的，人民法院不予受理。

注释

行政机关作出行政行为时，未告知公民、法人或者其他组织起诉期限的，起诉期限从公民、法人或者其他组织知道或者应当知道起诉期限之日起计算，但从知道或者应当知道行政行为内容之日起最长不得超过1年。

公民、法人或者其他组织不知道行政机关作出的行政行为内容的，其起诉期限从知道或者应当知道该行政行为内容之日起计算，但最长不得超过本条第2款规定的起诉期限。

相关法条

《行诉解释》第62条至第65条

第四十七条 【行政机关不履行法定职责的起诉期限】公民、法人或者其他组织申请行政机关履行保护其人身权、财产权等合法权益的法定职责，行政机关在接到申请之日起两个月内不履行的，公民、法人或者其他组织可以向人民法院提起诉讼。法律、法规对行政机关履行职责的期限另有规定的，从其规定。

公民、法人或者其他组织在紧急情况下请求行政机关履行保护其人身权、财产权等合法权益的法定职责，行政机关不履行的，提起诉讼不受前款规定期限的限制。

注释

对行政机关不履行法定职责提起诉讼的，应当在行政机关履行法定职责期限届满之日起6个月内提出。

☞ **相关法条**

《行诉解释》第66条

★★ **第四十八条　【起诉期限的扣除和延长】**公民、法人或者其他组织因不可抗力或者其他不属于其自身的原因耽误起诉期限的，被耽误的时间不计算在起诉期限内。

公民、法人或者其他组织因前款规定以外的其他特殊情况耽误起诉期限的，在障碍消除后十日内，可以申请延长期限，是否准许由人民法院决定。

☞ **相关法条**

《行诉解释》第43条

☆ **第四十九条　【起诉条件】**提起诉讼应当符合下列条件：

（一）原告是符合本法第二十五条规定的公民、法人或者其他组织；

（二）有明确的被告；

（三）有具体的诉讼请求和事实根据；

（四）属于人民法院受案范围和受诉人民法院管辖。

☞ **相关法条**

《行诉解释》第54条、第68条

第五十条　【起诉方式】起诉应当向人民法院递交起诉状，并按照被告人数提出副本。

书写起诉状确有困难的，可以口头起诉，由人民法院记入笔录，出具注明日期的书面凭证，并告知对方当事人。

★ **第五十一条　【登记立案】**人民法院在接到起诉状时对符合本法规定的起诉条件的，应当登记立案。

对当场不能判定是否符合本法规定的起诉条件的，应当接收起诉状，出具注明收到日期的书面凭证，并在七日内决定是否立案。不符合起诉条件的，作出不予立案的裁定。裁定书应当载明不予立案的理由。原告对裁定不服的，可以提起上诉。

起诉状内容欠缺或者有其他错误的，应当给予指导和释明，并一次性告知当事人需要补正的内容。不得未经指导和释明即以起诉不符合条件为由不接收起诉状。

对于不接收起诉状、接收起诉状后不出具书面凭证，以及不一次性告知当事人需要补正的起诉状内容的，当事人可以向上级人民法院投诉，上级人民法院应当责令改正，并对直接负责的主管人员和其他直接责任人员依法给予处分。

☞ **相关法条**

《行诉解释》第49条、第53条、第55条、第69条

第五十二条　【法院不立案的救济】人民法院既不立案，又不作出不予立案裁定的，当事人可以向上一级人民法院起诉。上一级人民法院认为符合起诉条件的，应当立案、审理，也可以指定其他下级人民法院立案、审理。

☆☆ **第五十三条　【规范性文件的附带审查】**公民、法人或者其他组织认为行政行为所依据的国务院部门和地方人民政府及其部门制定的规范性文件不合法，在对行政行为提起诉讼时，可以一并请求对该规范性文件进行审查。

前款规定的规范性文件不含规章。

注释

公民、法人或者其他组织请求人民法院一并审查本条规定的规范性文件，应当在第一审开庭审理前提出；有正当理由的，也可以在法庭调查中提出。

☞ **相关法条**

《行诉解释》第 145 条至第 151 条

第七章　审理和判决

第一节　一 般 规 定

第五十四条　【公开审理原则】人民法院公开审理行政案件，但涉及国家秘密、个人隐私和法律另有规定的除外。

涉及商业秘密的案件，当事人申请不公开审理的，可以不公开审理。

☆☆ **第五十五条　【回避】**当事人认为审判人员与本案有利害关系或者有其他关系可能影响公正审判，有权申请审判人员回避。

审判人员认为自己与本案有利害关系或者有其他关系，应当申请回避。

前两款规定，适用于书记员、翻译人员、鉴定人、勘验人。

院长担任审判长时的回避，由审判委员会决定；审判人员的回避，由院长决定；其他人员的回避，由审判长决定。当事人对决定不服的，可以申请复议一次。

☞ **相关法条**

《行诉解释》第 74 条

★★ **第五十六条　【诉讼不停止执行】** 诉讼期间，不停止行政行为的执行。但有下列情形之一的，裁定停止执行：

（一）被告认为需要停止执行的；

（二）原告或者利害关系人申请停止执行，人民法院认为该行政行为的执行会造成难以弥补的损失，并且停止执行不损害国家利益、社会公共利益的；

（三）人民法院认为该行政行为的执行会给国家利益、社会公共利益造成重大损害的；

（四）法律、法规规定停止执行的。

当事人对停止执行或者不停止执行的裁定不服的，可以申请复议一次。

★★ **第五十七条　【先予执行】** 人民法院对起诉行政机关没有依法支付抚恤金、最低生活保障金和工伤、医疗社会保险金的案件，权利义务关系明确、不先予执行将严重影响原告生活的，可以根据原告的申请，裁定先予执行。

当事人对先予执行裁定不服的，可以申请复议一次。复议期间不停止裁定的执行。

☆☆ **第五十八条　【拒不到庭或中途退庭的法律后果】**经人民法院传票传唤，原告无正当理由拒不到庭，或者未经法庭许可中途退庭的，可以按照撤诉处理；被告无正当理由拒不到庭，或者未经法庭许可中途退庭的，可以缺席判决。

注释

第三人经传票传唤无正当理由拒不到庭，或者未经法庭许可中途退庭的，不发生阻止案件审理的效果。

☞ 相关法条

《行诉解释》第 79 条

★ **第五十九条　【妨害行政诉讼强制措施】**诉讼参与人或者其他人有下列行为之一的，人民法院可以根据情节轻重，予以训诫、责令具结悔过或者处一万元以下的罚款、十五日以下的拘留；构成犯罪的，依法追究刑事责任：

（一）有义务协助调查、执行的人，对人民法院的协助调查决定、协助执行通知书，无故推拖、拒绝或者妨碍调查、执行的；

（二）伪造、隐藏、毁灭证据或者提供虚假证明材料，妨碍人民法院审理案件的；

（三）指使、贿买、胁迫他人作伪证或者威胁、阻止证人作证的；

（四）隐藏、转移、变卖、毁损已被查封、扣押、冻结的财产的；

（五）以欺骗、胁迫等非法手段使原告撤诉的；

（六）以暴力、威胁或者其他方法阻碍人民法院工作人员执行职务，或者以哄闹、冲击法庭等方法扰乱人民法院工作秩序的；

（七）对人民法院审判人员或者其他工作人员、诉讼参与人、协助调查和执行的人员恐吓、侮辱、诽谤、诬陷、殴打、围攻或者打击报复的。

人民法院对有前款规定的行为之一的单位，可以对其主要负责人或者直接责任人员依照前款规定予以罚款、拘留；构成犯罪的，依法追究刑事责任。

罚款、拘留须经人民法院院长批准。当事人不服的，可以向上一级人民法院申请复议一次。复议期间不停止执行。

☞ **相关法条**

《行诉解释》第83条

☆☆ **第六十条　【调解】**人民法院审理行政案件，不适用调解。但是，行政赔偿、补偿以及行政机关行使法律、法规规定的自由裁量权的案件可以调解。

调解应当遵循自愿、合法原则，不得损害国家利益、社会公共利益和他人合法权益。

注释

调解达成协议，人民法院应当制作调解书。调解书经双方当事人签收后，即具有法律效力。调解过程不公开，但当事人同意公开的除外。当事人一方或者双方不愿调解、调解未达成协议的，人民法院应当及时判决。

☞ **相关法条**

《行诉解释》第 84 条至第 86 条

☆☆☆☆ **第六十一条　【民事争议和行政争议交叉】**在涉及行政许可、登记、征收、征用和行政机关对民事争议所作的裁决的行政诉讼中，当事人申请一并解决相关民事争议的，人民法院可以一并审理。

在行政诉讼中，人民法院认为行政案件的审理需以民事诉讼的裁判为依据的，可以裁定中止行政诉讼。

注释

人民法院在行政诉讼中一并审理相关民事争议的，民事争议应当单独立案，由同一审判组织审理。人民法院审理行政机关对民事争议所作裁决的案件，一并审理民事争议的，不另行立案。

☞ **相关法条**

《行诉解释》第137条至第144条

☆☆ **第六十二条　【撤诉】** 人民法院对行政案件宣告判决或者裁定前，原告申请撤诉的，或者被告改变其所作的行政行为，原告同意并申请撤诉的，是否准许，由人民法院裁定。

☆☆ **第六十三条　【审理依据】** 人民法院审理行政案件，以法律和行政法规、地方性法规为依据。地方性法规适用于本行政区域内发生的行政案件。

人民法院审理民族自治地方的行政案件，并以该民族自治地方的自治条例和单行条例为依据。

人民法院审理行政案件，参照规章。

注释

人民法院审理行政案件，适用最高人民法院司法解释的，应当在裁判文书中援引。

人民法院审理行政案件，可以在裁判文书中引用合法有效的规章及其他规范性文件。

第六十四条 【规范性文件审查和处理】人民法院在审理行政案件中，经审查认为本法第五十三条规定的规范性文件不合法的，不作为认定行政行为合法的依据，并向制定机关提出处理建议。

第六十五条 【裁判文书公开】人民法院应当公开发生法律效力的判决书、裁定书，供公众查阅，但涉及国家秘密、商业秘密和个人隐私的内容除外。

第六十六条 【有关行政机关工作人员和被告的处理】人民法院在审理行政案件中，认为行政机关的主管人员、直接责任人员违法违纪的，应当将有关材料移送监察机关、该行政机关或者其上一级行政机关；认为有犯罪行为的，应当将有关材料移送公安、检察机关。

人民法院对被告经传票传唤无正当理由拒不到庭，或者未经法庭许可中途退庭的，可以将被告拒不到庭或者中途退庭的情况予以公告，并可以向监察机关或者被告的上一级行政机关提出依法给予其主要负责人或者直接责任人员处分的司法建议。

第二节　第一审普通程序

第六十七条　【发送起诉状和提出答辩状】人民法院应当在立案之日起五日内，将起诉状副本发送被告。被告应当在收到起诉状副本之日起十五日内向人民法院提交作出行政行为的证据和所依据的规范性文件，并提出答辩状。人民法院应当在收到答辩状之日起五日内，将答辩状副本发送原告。

被告不提出答辩状的，不影响人民法院审理。

第六十八条　【审判组织形式】人民法院审理行政案件，由审判员组成合议庭，或者由审判员、陪审员组成合议庭。合议庭的成员，应当是三人以上的单数。

第六十九条　【驳回原告诉讼请求判决】行政行为证据确凿，适用法律、法规正确，符合法定程序的，或者原告申请被告履行法定职责或者给付义务理由不成立的，人民法院判决驳回原告的诉讼请求。

☆☆ **第七十条　【撤销判决和重作判决】**行政行为有下列情形之一的，人民法院判决撤销或者部分撤销，并可以判决被告重新作出行政行为：

（一）主要证据不足的；

（二）适用法律、法规错误的；

（三）违反法定程序的；

（四）超越职权的；

（五）滥用职权的；

（六）明显不当的。

注释

复议决定改变原行政行为错误，人民法院判决撤销复议决定时，可以一并责令复议机关重新作出复议决定或者判决恢复原行政行为的法律效力。

★★ **第七十一条　【重作判决对被告的限制】**人民法院判决被告重新作出行政行为的，被告不得以同一的事实和理由作出与原行政行为基本相同的行政行为。

注释

人民法院判决被告重新作出行政行为，被告重新作出的行政行为与原行政行为的结果相同，但主要事实或者主要理由有改变的，不属于本条规定的情形。

人民法院以违反法定程序为由，判决撤销被诉行政行为的，行政机关重新作出行政行为不受本条规定的限制。

☞ **相关法条**

《行诉解释》第 90 条

★★ 第七十二条　【履行判决】 人民法院经过审理，查明被告不履行法定职责的，判决被告在一定期限内履行。

注释

原告请求被告履行法定职责的理由成立，被告违法拒绝履行或者无正当理由逾期不予答复的，人民法院可以根据本条规定，判决被告在一定期限内依法履行原告请求的法定职责；尚需被告调查或者裁量的，应当判决被告针对原告的请求重新作出处理。

★★ 第七十三条　【给付判决】 人民法院经过审理，查明被告依法负有给付义务的，判决被告履行给付义务。

注释

原告申请被告依法履行支付抚恤金、最低生活保障待遇或者社会保险待遇等给付义务的理由成立，被告依法负有给付义务而拒绝或者拖延履行义务的，人民法院可以根据本条规定，判决被告在一定期限内履行相应的给付义务。

☞ **相关法条**

《行诉解释》第92条

☆☆ **第七十四条　【确认违法判决】**行政行为有下列情形之一的，人民法院判决确认违法，但不撤销行政行为：

（一）行政行为依法应当撤销，但撤销会给国家利益、社会公共利益造成重大损害的；

（二）行政行为程序轻微违法，但对原告权利不产生实际影响的。

行政行为有下列情形之一，不需要撤销或者判决履行的，人民法院判决确认违法：

（一）行政行为违法，但不具有可撤销内容的；

（二）被告改变原违法行政行为，原告仍要求确认原行政行为违法的；

（三）被告不履行或者拖延履行法定职责，判决履行没有意义的。

注释

有下列情形之一，且对原告依法享有的听证、陈述、申辩等重要程序性权利不产生实质损害的，属于本条第1款第2项规定的“程序轻微违法”：（1）处理期限轻微违法；（2）通知、送达等程序轻微违法；（3）其他程序轻微违法的情形。

生活小案例

罗某受到朱某的人身威胁，向公安机关报案，公安机关未采取任何措施。三天后，罗某了解到朱某因涉嫌抢劫被刑事拘留。罗某以公安机关不履行法定职责为由向法院提起行政诉讼。法院经审理认为，公安机关确未履行法定职责。因为朱某因涉嫌抢劫被刑事拘留，不会对罗某的人身继续产生威胁，责令公安机关履行职责已经没有意义，这种情况下，法院应当作出确认公安机关的不作为违法的判决。

☞ **相关法条**

《行诉解释》第 96 条

☆☆ 第七十五条　【确认无效判决】 行政行为有实施主体不具有行政主体资格或者没有依据等重大且明显违法情形，原告申请确认行政行为无效的，人民法院判决确认无效。

注释

有下列情形之一的，属于本条规定的“重大且明显违法”：(1) 行政行为实施主体不具有行政主体资格；(2) 减损权利或者增加义务的行政行为没有法律规范依据；(3) 行政行为的内容客观上不可能实施；(4) 其他重大且明显违法的情形。

☞ **相关法条**

《行诉解释》第 99 条

★ **第七十六条　【确认违法和无效判决的补充规定】**人民法院判决确认违法或者无效的，可以同时判决责令被告采取补救措施；给原告造成损失的，依法判决被告承担赔偿责任。

★★ **第七十七条　【变更判决】**行政处罚明显不当，或者其他行政行为涉及对款额的确定、认定确有错误的，人民法院可以判决变更。

人民法院判决变更，不得加重原告的义务或者减损原告的权益。但利害关系人同为原告，且诉讼请求相反的除外。

★ **第七十八条　【行政协议履行及补偿判决】**被告不依法履行、未按照约定履行或者违法变更、解除本法第十二条第一款第十一项规定的协议的，人民法院判决被告承担继续履行、采取补救措施或者赔偿损失等责任。

被告变更、解除本法第十二条第一款第十一项规定的协议合法，但未依法给予补偿的，人民法院判决给予补偿。

☆ **第七十九条　【复议决定和原行政行为一并裁判】**复议机关与作出原行政行为的行政机关为共同被告的案件，人民法院应当对复议决定和原行政行为一并作出裁判。

第八十条　【公开宣判】人民法院对公开审理和不公开审理的案件，一律公开宣告判决。

当庭宣判的，应当在十日内发送判决书；定期宣判的，宣判后立即发给判决书。

宣告判决时，必须告知当事人上诉权利、上诉期限和上诉的人民法院。

第八十一条　【第一审审限】人民法院应当在立案之日起六个月内作出第一审判决。有特殊情况需要延长的，由高级人民法院批准，高级人民法院审理第一审案件需要延长的，由最高人民法院批准。

第三节　简易程序

第八十二条　【简易程序适用情形】人民法院审理下列第一审行政案件，认为事实清楚、权利义务关系明确、争议不大的，可以适用简易程序：

（一）被诉行政行为是依法当场作出的；

（二）案件涉及款额二千元以下的；

（三）属于政府信息公开案件的。

除前款规定以外的第一审行政案件，当事人各方同意适用简易程序的，可以适用简易程序。

发回重审、按照审判监督程序再审的案件不适用简易程序。

生活小案例

交警大队以方某闯红灯为由当场对其处以50元罚款，方某不服提起诉讼。对于本案，法院可以适用简易程序审理。

☞ **相关法条**

《行诉解释》第103条、第104条

第八十三条　【简易程序的审判组织形式和审限】 适用简易程序审理的行政案件，由审判员一人独任审理，并应当在立案之日起四十五日内审结。

★ **第八十四条　【简易程序与普通程序的转换】** 人民法院在审理过程中，发现案件不宜适用简易程序的，裁定转为普通程序。

注释

人民法院发现案情复杂，需要转为普通程序审理的，应当在审理期限届满前作出裁定并将合议庭组成人员及相关事项书面通知双方当事人。案件转为普通程序审理的，审理期限自人民法院立案之日起计算。

第四节　第二审程序

第八十五条　【上诉】当事人不服人民法院第一审判决的，有权在判决书送达之日起十五日内向上一级人民法院提起上诉。当事人不服人民法院第一审裁定的，有权在裁定书送达之日起十日内向上一级人民法院提起上诉。逾期不提起上诉的，人民法院的第一审判决或者裁定发生法律效力。

☞ **相关法条**

《行诉解释》第 108 条

第八十六条　【二审审理方式】人民法院对上诉案件，应当组成合议庭，开庭审理。经过阅卷、调查和询问当事人，对没有提出新的事实、证据或者理由，合议庭认为不需要开庭审理的，也可以不开庭审理。

第八十七条　【二审审查范围】人民法院审理上诉案件，应当对原审人民法院的判决、裁定和被诉行政行为进行全面审查。

第八十八条　【二审审限】人民法院审理上诉案件，应当在收到上诉状之日起三个月内作出终审判决。有特殊情况需要延长的，由高级人民法院批准，高级人民法院审理上诉案件需要延长的，由最高人民法院批准。

第八十九条　【二审裁判】人民法院审理上诉案件，按照下列情形，分别处理：

（一）原判决、裁定认定事实清楚，适用法律、法规正确的，判决或者裁定驳回上诉，维持原判决、裁定；

（二）原判决、裁定认定事实错误或者适用法律、法规错误的，依法改判、撤销或者变更；

（三）原判决认定基本事实不清、证据不足的，发回原审人民法院重审，或者查清事实后改判；

（四）原判决遗漏当事人或者违法缺席判决等严重违反法定程序的，裁定撤销原判决，发回原审人民法院重审。

原审人民法院对发回重审的案件作出判决后，当事人提起上诉的，第二审人民法院不得再次发回重审。

人民法院审理上诉案件，需要改变原审判决的，应当同时对被诉行政行为作出判决。

第五节　审判监督程序

第九十条　【当事人申请再审】当事人对已经发生法律效力的判决、裁定，认为确有错误的，可以向上一级人民法院申请再审，但判决、裁定不停止执行。

第九十一条　【再审事由】当事人的申请符合下列情形之一的，人民法院应当再审：

（一）不予立案或者驳回起诉确有错误的；

（二）有新的证据，足以推翻原判决、裁定的；

（三）原判决、裁定认定事实的主要证据不足、未经质证或者系伪造的；

（四）原判决、裁定适用法律、法规确有错误的；

（五）违反法律规定的诉讼程序，可能影响公正审判的；

（六）原判决、裁定遗漏诉讼请求的；

（七）据以作出原判决、裁定的法律文书被撤销或者变更的；

（八）审判人员在审理该案件时有贪污受贿、徇私舞弊、枉法裁判行为的。

☞ **相关法条**

《行诉解释》第110条、第115条

第九十二条　【人民法院依职权再审】各级人民法院院长对本院已经发生法律效力的判决、裁定，发现有本法第九十一条规定情形之一，或者发现调解违反自愿原则或者调解书内容违法，认为需要再审的，应当提交审判委员会讨论决定。

最高人民法院对地方各级人民法院已经发生法律效力的判决、裁定，上级人民法院对下级人民法院已经发生法律效力的判决、裁定，发现有本法第九十一条规定情形之一，或者发现调解违反自愿原则或者调解书内容违法的，有权提审或者指令下级人民法院再审。

第九十三条　【抗诉和检察建议】最高人民检察院对各级人民法院已经发生法律效力的判决、裁定，上级人民检察院对下级人民法院已经发生法律效力的判决、裁定，发现有本法第九十一条规定情形之一，或者发现调解书损害国家利益、社会公共利益的，应当提出抗诉。

地方各级人民检察院对同级人民法院已经发生法律效力的判决、裁定，发现有本法第九十一条规定情形之一，或者发现调解书损害国家利益、社会公共利益的，可以向同级人民法院提出检察建议，并报上级人民检察院备案；也可以提请上级人民检察院向同级人民法院提出抗诉。

各级人民检察院对审判监督程序以外的其他审判程序中审判人员的违法行为，有权向同级人民法院提出检察建议。

☞ **相关法条**

《行诉解释》第117条

第八章 执　　行

★ **第九十四条　【生效裁判和调解书的执行】** 当事人必须履行人民法院发生法律效力的判决、裁定、调解书。

★★★ **第九十五条　【申请强制执行和执行管辖】** 公民、法人或者其他组织拒绝履行判决、裁定、调解书的，行政机关或者第三人可以向第一审人民法院申请强制执行，或者由行政机关依法强制执行。

注释

申请执行的期限为 2 年。申请执行时效的中止、中断，适用法律有关规定。

★★★ **第九十六条　【对行政机关拒绝履行的执行措施】** 行政机关拒绝履行判决、裁定、调解书的，第一审人民法院可以采取下列措施：

（一）对应当归还的罚款或者应当给付的款额，通知银行从该行政机关的账户内划拨；

（二）在规定期限内不履行的，从期满之日起，对该行政机关负责人按日处五十元至一百元的罚款；

（三）将行政机关拒绝履行的情况予以公告；

（四）向监察机关或者该行政机关的上一级行政机关提出司法建议。接受司法建议的机关，根据有关规定进行处理，并将处理情况告知人民法院；

（五）拒不履行判决、裁定、调解书，社会影响恶劣的，可以对该行政机关直接负责的主管人员和其他直接责任人员予以拘留；情节严重，构成犯罪的，依法追究刑事责任。

☆☆ 第九十七条　【非诉执行】公民、法人或者其他组织对行政行为在法定期限内不提起诉讼又不履行的，行政机关可以申请人民法院强制执行，或者依法强制执行。

注释

没有强制执行权的行政机关申请人民法院强制执行其行政行为，应当自被执行人的法定起诉期限届满之日起 3 个月内提出。

行政机关申请人民法院强制执行其行政行为的，由申请人所在地的基层人民法院受理；执行对象为不动产的，由不动产所在地的基层人民法院受理。

☞ 相关法条

《行诉解释》第 155 条

第九章　涉外行政诉讼

第九十八条　【涉外行政诉讼的法律适用原则】 外国人、无国籍人、外国组织在中华人民共和国进行行政诉讼，适用本法。法律另有规定的除外。

第九十九条　【同等与对等原则】 外国人、无国籍人、外国组织在中华人民共和国进行行政诉讼，同中华人民共和国公民、组织有同等的诉讼权利和义务。

外国法院对中华人民共和国公民、组织的行政诉讼权利加以限制的，人民法院对该国公民、组织的行政诉讼权利，实行对等原则。

第一百条　【中国律师代理】 外国人、无国籍人、外国组织在中华人民共和国进行行政诉讼，委托律师代理诉讼的，应当委托中华人民共和国律师机构的律师。

第十章　附　　则

第一百零一条　【适用民事诉讼法规定】 人民法院审理行政案件，关于期间、送达、财产保全、开庭审理、调解、中止诉讼、终结诉讼、简易程序、执行等，以及人民检察院对行政案件受理、审理、裁判、执行的监督，本法没有规定的，适用《中华人民共和国民事诉讼法》的相关规定。

第一百零二条　【诉讼费用】人民法院审理行政案件，应当收取诉讼费用。诉讼费用由败诉方承担，双方都有责任的由双方分担。收取诉讼费用的具体办法另行规定。

第一百零三条　【施行日期】本法自 1990 年 10 月 1 日起施行。

▶▶小测试◀◀①

1. 公民、法人或者其他组织同被诉行政行为有利害关系但没有提起诉讼，人民法院应当通知其作为第三人参加诉讼。(　　)

2. 发回重审、按照审判监督程序再审的案件不适用简易程序。(　　)

① 【答案】1. ×，解析：《行政诉讼法》第 29 条第 1 款。2. √。3. D。4. D。5. B。6. ABCD。7. 同一的事实和理由；基本相同。8. 实施主体不具有行政主体资格；没有依据；原告。9. 责令被告采取补救措施；承担赔偿责任。10. 加重；减损；同为原告；诉讼请求相反。

3. 下列哪一项属于行政诉讼受案范围？（　　）

A. 国防、外交等国家行为

B. 行政机关对行政机关工作人员的奖惩、任免等决定

C. 行政机关制定、发布的具有普遍约束力的决定、命令

D. 行政机关作出的土地征用补偿决定

4. 关于行政案件的地域管辖，下列哪一选项是不正确的？（　　）

A. 经复议的案件，既可以由最初作出行政行为的行政机关所在地人民法院管辖，也可以由复议机关所在地人民法院管辖

B. 对限制人身自由的行政强制措施不服提起的诉讼，既可以由被告所在地人民法院管辖，也可以由原告所在地人民法院管辖

C. 因不动产提起的行政诉讼，由不动产所在地人民法院管辖

D. 经最高人民法院备案，高级人民法院可以根据审判工作的实际情况，确定若干人民法院跨行政区域管辖行政案件

5. 关于复议案件的行政诉讼被告，下列哪一项说法是不正确的？（　　）

A. 复议机关决定维持原行政行为的，作出原行政行为的行政机关和复议机关是共同被告

B. 复议机关改变原行政行为的，作出原行政行为的行政机关和复议机关是共同被告

C. 复议机关在法定期限内未作出复议决定，公民、法人或者其他组织起诉原行政行为的，作出原行政行为的行政机关是被告

D. 复议机关在法定期限内未作出复议决定，公民、法人或者其他组织起诉复议机关不作为的，复议机关是被告

6. 行政诉讼被告经传票传唤无正当理由拒不到庭，或者未经法庭许可中途退庭的，人民法院可以采取哪些措施？(　　)

A. 将被告拒不到庭或者中途退庭的情况予以公告

B. 向监察机关提出司法建议

C. 向被告的上一级行政机关提出司法建议

D. 缺席判决

7. 人民法院判决被告重新作出行政行为的，被告不得以____作出与原行政行为____的行政行为。

8. 行政行为有____或者____等重大且明显违法情形，____申请确认行政行为无效的，人民法院判决确认无效。

9. 人民法院判决确认违法或者无效的，可以同时判决____；给原告造成损失的，依法判决被告____。

10. 人民法院判决变更，不得____原告的义务或者____原告的权益。但利害关系人____，且____的除外。

附录 实用图表

听证程序		
	行政处罚中的听证程序	行政许可中的听证程序
适用	①适用情形：较大数额罚款；没收较大数额违法所得、没收较大价值非法财物；降低资质等级、吊销许可证件；责令停产停业、责令关闭、限制从业；其他较重的行政处罚。 ②依当事人申请听证。	①依职权听证：法律、法规、规章规定应当听证的事项；行政机关认为需要听证的事项。 ②依利害关系人申请听证。
期限	①权利人在被告知后5日内可以要求听证； ②行政机关应在听证7日前通知听证时间与地点。	①权利人在被告知后5日内申请，行政机关20日内组织听证； ②行政机关应于听证7日前告知听证时间与地点，必要时予以公告。
重要规定	①听证由行政机关指定的非本案调查人员主持；当事人有权申请回避； ②除涉及国家秘密、商业秘密或者个人隐私依法予以保密外，听证公开举行； ③笔录交当事人或者其代理人核对无误后签字或盖章； ④应当根据听证笔录作出决定。	

行政诉讼被告的确定	
一般原则	谁行为，谁被告。
经复议的案件	①复议维持，原机关和复议机关是共同被告；②复议改变，复议机关是被告；③复议不作为，可选择告原机关行为或复议机关不作为。
经上级批准作出行政行为案件	谁署名，谁被告。
多个机关案件	多个机关共同作出一个行政行为，为共同被告。
派出机构案件	①幅度越权，派出机构为被告；②种类越权，派出机构所在部门为被告。
内部机构/新组建机构案件	①无法律、法规、规章授权的，设立机关为被告；②有法律、法规、规章授权的，内部机构或新组建机构为被告。
委托实施的案件	谁委托，谁被告。
原主体被撤销或职权改变的案件	①继受职权的主体为被告；②无继受职权主体的，以其所属的政府为被告；实行垂直领导的，以垂直领导的上一级行政机关为被告。
村委会、居委会案件/事业单位、行业组织案件	①有法律、法规、规章授权的，以村委会或者居委会/事业单位或者行业组织为被告；②受行政机关委托作出的，以委托的行政机关为被告。
房屋征收类案件	①房屋征收与补偿工作过程中作出行政行为，以房屋征收部门为被告；②征收实施单位受房屋征收部门委托的行为，以房屋征收部门为被告。